湖南省社科基金项目"用户创新对中小企业产品创新绩效的影响研究"（17YBA276）

Consumer Knowledge Development and
Its Influence to Brand Loyalty

Brand
Does Brand Loyalty Work Yet?

蔡国良 著

品牌忠诚度在消失吗？

消费者知识形成及其对品牌忠诚的影响：
机制和调节因素研究

经济管理出版社
ECONOMY & MANAGEMENT PUBLISHING HOUSE

图书在版编目（CIP）数据

品牌忠诚度在消失吗？消费者知识形成及其对品牌忠诚的影响：机制和调节因素研究/蔡国良著 . —北京：经济管理出版社，2019.9
ISBN 978－7－5096－3152－2

Ⅰ.①品… Ⅱ.①蔡… Ⅲ.①消费者行为论—研究 Ⅳ.①F036.3

中国版本图书馆 CIP 数据核字（2019）第 236950 号

组稿编辑：申桂萍
责任编辑：申桂萍　丁凤珠
责任印制：黄章平
责任校对：王淑卿

出版发行：经济管理出版社
（北京市海淀区北蜂窝 8 号中雅大厦 A 座 11 层　100038）
网　　　址：www.E－mp.com.cn
电　　　话：（010）51915602
印　　　刷：三河市延风印装有限公司
经　　　销：新华书店
开　　　本：720mm×1000mm/16
印　　　张：10.25
字　　　数：140 千字
版　　　次：2019 年 9 月第 1 版　2019 年 9 月第 1 次印刷
书　　　号：ISBN 978－7－5096－3152－2
定　　　价：48.00 元

·版权所有　翻印必究·
凡购本社图书，如有印装错误，由本社读者服务部负责调换。
联系地址：北京阜外月坛北小街 2 号
电话：（010）68022974　　邮编：100836

前　言

2014年《纽约客》刊登了一篇很有影响力的文章，其观点是互联网的发展可能正在使品牌变得不重要，其核心证据是消费者不再依赖于原有品牌带来的承诺和信赖而进行选择，而是越来越基于产品的网络口碑，而这种广泛流传、随手可得的网络口碑正是得益于互联网的发展。这种情况的确正在广泛地发生，企业新产品一上市，网络上就有众多的评论数据，消费者正是从这些评论中获取有助于自己购买选择的线索而不再完全依赖于品牌的背书。因此，本书提到企业应该将更多的成本投入到产品打造上，而不是品牌忠诚度的建设上。

消费者越来越依赖于互联网上产品的评价信息进行购买，而不是迷恋和依赖于大的、成熟的权威品牌的背书。这种状况在中国的消费市场已经得到验证。2011年，我们受雇为某电商平台进行电商品牌如淘品牌（完全基于线上电商营销模式形成的品牌）的研究时，所针对的就是这样一种情况，为什么这些淘品牌能快速崛起，一时成为能和诸多大品牌一争高下的品牌。我们对2000多名用户，针对近20多个淘品牌进行了全面的研究，研究的一个基本发现是消费者对淘品牌所提供的产品特性和卖点的认知非常清晰，这种认知是完全基于产品层面的，以往我们品牌研究模型中的品牌内涵、文化、情感等基本没有形成。互联网时代里，真的就不允许再打造品牌了吗？原来我们所追求的品牌忠诚度就真的丧失了意义吗？或者至少变得不那么重要了吗？当时这个研品牌忠诚度在消失吗？

究在某种意义上对我们的这些问题进行了回答，但是时至今日再回头看，这些发现是客观现实的，但是后来的发展却好像又不如我们所能推理的那样。那些一时兴起的产品品牌又还有几个活跃在市场上呢？

这种变化以及这些观点对那些大的品牌主产生了挑战。他们斥巨资、耗费大量精力打造品牌形象，积淀品牌资产，但是这些新兴品牌竟然如此轻易地就对他们形成挑战。我们服务的多个快消大客户营销总监询问我们要如何看待这些现象和变化，隐隐地还含有对于"品牌的这种中长期建设必要性的反思"。这种变化对我们所提供的品牌咨询服务也是一种挑战，我们所建立以及获得验证支持的品牌研究模型也是在以往商业模式下发展起来的，现在它还适应吗？或者要怎样来适应呢？

当时我所服务的公司（益普索）的品牌专家们进行大量的研究后，提出了对于品牌发展的一系列见解，并建立新的品牌资产模型，在此不一一赘述。而在中国市场，我的导师赵平教授在品牌研究领域长期深耕，他指导我进行了此项研究。我在益普索的领导王小红女士、李海岚女士给了我很多实际中肯的建议和绝对的支持。这使我能对这个问题进行更深入的理解。

互联网在快速而深刻地重构品牌与消费者的关系时，既在快速地瓦解，也在快速地重构。其根本原因是什么？在梳理了诸多文献以及研读消费者调查数据后，我认为其最主要的原因在于信息对于消费者知识的形成和影响。归根结底，得益于互联网的开放性，消费者变得更容易获得知识，更容易拥有知识。此处的知识主要指的是对于产品、品牌以及品类的知识。因此，如果我们确定互联网最主要的功能之一是让消费者拥有的知识发生变化，不仅包括总量上的，也可能包括结构上的，那么我们的问题就可以转化为消费者知识会对品牌忠诚度有影响吗？如果有，会是什么样的影响？

在这样一个思路下，我们开始思考消费者知识和品牌忠诚度的关系。机缘巧合，我们正好有机会和一个妈妈会员俱乐部进行合作研究，该俱乐部拥有全国几十万的真实会员样本,样本覆盖范围广、真实性强。我们调查母亲对于配方奶粉和儿童玩具的购买决策情况,这非常符合我们的研究目的。第一,消费决策者(如婴幼儿母亲)对婴幼儿产品的购买过程具有较高的卷入度,较高卷入度的产品类别可以更为有效地探索消费者个体和营销因素对品牌忠诚度的影响(Iwasaki & Havitz, 1998)。第二,母婴产品市场包含着较多对于同一消费决策群体具有不同感知风险程度的产品类别,这有助于本书选择不同感知风险的产品以调查消费者知识、信息推荐代理和品牌忠诚度之间的关系。第三,对于孕妇和产妇来说,母婴产品类似于一个全新的产品类别,因此可以了解其产品知识从无到有的形成过程。第四,母婴产品的学习时期可以通过婴幼儿的年龄进行准确界定,这比以新产品为对象的普通消费者学习时期的界定更为准确。第五,母婴产品是一个重要的消费市场,同时信息渠道众多、多样化程度较高(刘菁,2015)。第六,在产品品牌和消费者知识分布等其他特征方面,母婴产品市场与其他产品市场并没有显著的差异,因而在探索消费者知识和品牌忠诚度问题上,母婴产品市场是合适的。最终我们完成了近2000个样本的调查,形成了本研究的数据基础。

本书的主要内容和结构如下:

第一章为绪论,主要阐明了本书研究的重要性,提出了研究问题,介绍了大致的研究内容与研究方法。

第二章是本书的相关文献基础,该部分梳理了三个方面内容:第一,消费者知识形成的前置因素,以及互联网背景下不同媒介的功能及其对消费者知识形成的影响;第二,梳理了消费者知识对消费者决策过程、品牌忠诚的影响,以及产品感知风险在消费者决策过程中发挥的作用;第三,总结了推荐代理对消费者决策过程和购后行为的影响。

第三章为理论构建和研究假设的提出,一是通过对信息媒介渠道类型及其功能作用的梳理,提出了不同信息媒介渠道对产品知识形成的影响作用;二是基于对消费者学习过程的梳理提出学习阶段在获得信息与产品知识形成过程中的调节作用；三是通过探讨消费者知识对消费决策过程的影响，提出消费者知识对购后评价和品牌忠诚的影响作用；四是提出了产品推荐代理的不同方面（功能价值和情感价值）对品牌忠诚的影响。

第四章为本书的研究方法和问卷调研，主要阐述了本书的研究设计、问卷设计与数据收集。具体介绍了研究的设计过程、研究对象的选择、变量的测量和数据收集的过程。

第五章为实证检验和数据结果分析部分，主要基于理论模型对假设进行了检验，讨论了数据结果。

第六章为结论和讨论。包括本章在之前研究结果基础上得出的结论，指出本书的创新点、实践价值、研究局限和未来的研究方向。

尽管本书研究开始于五年前，经过两年多的时间才最终完成定稿并作为我的博士论文。但是这些年来，对互联网如何重构消费者和品牌的关系的追问一直未曾停止，该书只是作为对这个问题的一个初步的、但也许是基础的回答。现在借此次出版成书的机会，希望能和更多专业人士进行交流与探讨。

感谢经济管理出版社的编辑对本书提出的诸多建议和付出的辛勤工作，才能使本书得以面世，也感谢湖南师范大学的诸多同事、清华大学经济管理系的老师，以及学友们、益普索的同事们，是你们的支持和鼓励才能使本书得以成型并出版。

目 录

第一章 绪论 ·· 1

  第一节 研究背景 ·· 1

  第二节 研究问题的提出 ·· 3

    一、消费者知识的形成 ·· 3

    二、消费者知识和推荐代理对品牌忠诚的影响 ····························· 4

  第三节 研究内容 ·· 5

    一、研究内容及步骤 ··· 5

    二、研究意义 ·· 7

    三、研究方法概要 ·· 8

  本章小结 ·· 9

第二章 消费者知识形成及其对品牌忠诚影响的理论基础 ················· 10

  第一节 消费者知识形成及其前置因素 ·· 10

    一、知识的内涵 ··· 11

    二、消费者知识的内涵 ·· 12

    三、消费者知识的分类 ·· 13

    四、消费者知识的形成 ·· 15

　　　　五、消费者知识形成的前置因素 …………………………………… 16
　　　　六、信息媒介与消费者知识 ………………………………………… 20
　　第二节　消费者知识与品牌忠诚及其作用机制 ………………………… 27
　　　　一、品牌忠诚 ………………………………………………………… 27
　　　　二、品牌忠诚的相关理论 …………………………………………… 34
　　　　三、品牌忠诚的影响因素 …………………………………………… 37
　　　　四、消费者知识与品牌忠诚 ………………………………………… 40
　　　　五、消费者知识与购买决策过程 …………………………………… 42
　　　　六、消费者信息搜索行为 …………………………………………… 43
　　　　七、消费者知识与信息搜索 ………………………………………… 46
　　　　八、消费者学习 ……………………………………………………… 47
　　　　九、产品感知风险与信息搜索行为 ………………………………… 49
　　第三节　信息推荐代理与购买决策 ……………………………………… 52
　　　　一、信息推荐代理 …………………………………………………… 52
　　　　二、信息推荐代理与购买决策 ……………………………………… 54
　　本章小结 …………………………………………………………………… 57

第三章　理论框架和研究假设 ………………………………………………… 59
　　第一节　信息媒介对产品知识形成的影响 ……………………………… 60
　　　　一、学习时期调节信息媒介对产品知识形成的影响 ……………… 61
　　　　二、产品感知风险调节信息媒介对产品知识形成的影响 ………… 62
　　第二节　消费者知识对品牌忠诚的影响 ………………………………… 63
　　　　一、产品感知风险调节消费者知识对品牌忠诚度的影响 ………… 64
　　　　二、信息搜寻倾向中介消费者知识对品牌忠诚度的影响 ………… 65
　　第三节　信息推荐代理对品牌忠诚度的影响 …………………………… 66

第四章 研究方法和问卷调研 ································ 69

第一节 研究设计 ································ 69
一、研究对象选择：母婴产品市场 ································ 70
二、研究变量测量 ································ 71
三、问卷设计 ································ 77

第二节 问卷前测和调查方法 ································ 80
一、问卷调查方法 ································ 80
二、各变量的探索性因子分析 ································ 81
三、信度分析 ································ 85

第三节 正式调查和样本描述 ································ 86
一、正式调查 ································ 86
二、样本描述 ································ 86

本章小结 ································ 88

第五章 实证检验和数据结果分析 ································ 89

第一节 变量的信度和效度检验 ································ 89
一、变量的信度检验 ································ 89
二、变量的效度检验 ································ 90

第二节 消费者产品知识形成过程的假设检验数据分析 ································ 92
一、研究变量多重共线性检验 ································ 92
二、不同媒介对消费者产品知识形成的影响 ································ 93
三、产品类型在消费者知识形成过程中的调节作用 ································ 95
四、学习阶段在消费者知识形成过程中的调节作用 ································ 97
五、消费者知识形成研究结果讨论 ································ 98

第三节 消费者知识和信息推荐代理对品牌忠诚影响的数据分析……100
 一、变量的多重共线性检验……………………………………100
 二、消费者知识对品牌忠诚度的影响…………………………101
 三、信息推荐代理和产品感知风险对品牌忠诚度的交互影响……106
 四、消费者知识和信息推荐代理对品牌忠诚度研究发现的
  讨论……………………………………………………………108
本章小结…………………………………………………………………109

第六章 结论和讨论……………………………………………………111

第一节 结论……………………………………………………………111
 一、信息媒介对消费者产品知识形成影响的主要结论………112
 二、消费者产品知识和推荐代理对品牌忠诚度的影响………114
第二节 创新点…………………………………………………………115
第三节 实践启示………………………………………………………117
第四节 未来研究展望…………………………………………………118

参考文献………………………………………………………………120

附录 问卷设计和变量测量……………………………………………139

第一章 绪论

第一节 研究背景

互联网的发展与应用对当今社会的影响广泛而深远。互联网的发展促进了网路购物、团购、O2O、互联网金融等行业的产生与发展。诸多企业使用互联网办公、采购、开展在线销售、营销推广等,2014 年中国网民规模达到 6.49 亿,普及率达 47.9% (CNNIC,2015),在美国网络普及率则高达 84% (Pew Research Center,2015)。除了即时通信,消费者还可以使用互联网进行信息搜寻、观看视频、网络购物、参与社交论坛、理财,并自主产生、分享信息等。

互联网的广泛应用使消费者获得更多的权利(Pires 等,2006)。营销推广、产品信息的产生中心不再局限于企业,而可能是一些互联网平台,如某类产品的专业网站、网络社群、产品推荐代理等(Yadav & Pavlou,2014;Ansari & Mela,2003;Judith & Mayzlin,2006,Bcgcr & Milkman,2012)。同时,消费者不再是被动地接收产品信息,而是更加主动地去检索产品信息,甚至创造产品信息(Presi 等,2014)。互联网信息获得的便捷性、广泛性促进了消费者的学习,使得消费者更容易形成产品知识。

由于消费者搜寻产品信息便利,产品知识获得容易,企业和消费者的产品信息知识不对称问题逐渐变弱。消费者知识对企业的营销沟通策略、顾客维系策略的影响作用变得更强（Ratchford，2001；Swaminathan，2003；孙玮等，2009）。丰富的产品知识促使消费者更好地理解产品信息，更准确地辨识不一致的网络评论（Grimes等，2009）。同时，丰富的产品知识帮助消费者深入了解、对比各个品牌的优缺点，而当消费者将更多的品牌纳入考虑集时，会对其消费偏好产生显著的改变（Simonson等，1988），使得企业品牌更容易受到竞争品牌的影响，进而影响到企业维系和保留顾客。

尽管互联网环境下信息搜寻便捷，但信息内容却变得纷繁复杂，消费者面对杂乱的信息难以辨别其可靠性以及权衡不同产品属性带来的效用，最终做出的决策可能不是最优的，进而降低了满意度。产品知识可以在一定程度上帮助消费者辨清信息源的可靠性，权衡产品属性的重要性和效用价值，因此可能有利于其做出最优决策（Ratchford，2001）。为了帮助消费者进行决策，一些网络推荐代理（recommendation agent）也应运而生，它可以帮助消费者简化信息检索过程，做出更优的决策（Diehl等，2003；Fitzsimons & Lehmann，2004）。因此，消费者最终的消费决策可能是基于个人产品知识做出的，也可能是基于代理推荐做出的，这都将可能影响到消费者的购后满意度评价和品牌忠诚。

互联网环境下，产品信息获取的便捷性、丰富性和复杂性对消费决策和企业沟通策略产生了重要的影响，一方面影响到消费者学习和产品知识的形成，另一方面又影响到个体的决策风格和决策结果，关系到品牌忠诚度。同时，产品信息和决策过程的复杂性孕育产生的推荐代理，同样可能会对品牌忠诚产生重要影响。鉴于此，本书将探索不同的互联网媒介对消费者产品知识的形成以及消费者获得的产品知识对品牌忠诚的影响，同时关注产品推荐代理对品牌忠诚的影响。

第二节 研究问题的提出

实践背景下,互联网的发展使得消费者成为拥有更多产品知识的消费专家,他们不再那么容易受到企业营销传播的影响,而是拥有更多的权利,因此企业亟须了解消费者产品知识对购买决策过程和购后品牌忠诚的影响,同时理解消费者知识形成的过程,以期在消费者产品知识发展过程中影响其行为。理论方面,以往研究认识到产品知识对品牌忠诚影响的重要性,初步探索了产品知识对品牌忠诚的影响,但未能得到一致的结论,因此理论上更深入的理解消费者知识和品牌忠诚的关系及其中的机制和调节因素,具有重要的理论意义。

一、消费者知识的形成

消费者拥有的产品知识和信息对其购物决策具有重要的意义,信息搜索和基于信息搜索的备选方案评估是消费决策过程的重要环节(Howard & Sheth, 1969)。以往研究关注于消费者知识的形成,例如儿童在社会化过程中消费者知识的形成过程(John & Whitney, 1986)。John 和 Whitney (1986)关注于年龄阶段对获得信息与产品知识形成的调节作用,发现对于年龄较大的儿童(6~10岁),先前得到的信息对产品知识形成具有显著影响,而对于年龄较小的儿童(4~5岁),先前得到的信息并不能有效地促进其产品知识的形成,这是由于儿童随着年龄的成长才具备了熟练的信息处理策略。

互联网为消费者决策过程中的信息搜寻提供了诸多便利,降低了信息检索的成本(Jepsen, 2007)。然而,消费者获得信息的渠道更加多元化,信息渠道的差异化也更加明显,网络信息平台的多样化也为消费者提供了不同类别的产品信息,例如专业知识论坛、品牌社群、搜索引擎等。每次购买、搜寻产品信息的过程,又是消费者对相应产品学习的过程。互联网信息搜寻的便利性和信息的丰富性更快捷地促进了消费者产品知识的形成。互联网环境下,不同的信息媒介渠道对产品知识形成的作用大小和时期可能不同。本书将区分专业信息媒介、一般信息媒介和传统媒介,探索对比不同媒介对产品知识形成的影响,并且探索在产品知识学习的不同时期,三种媒介的影响作用的区别。此外,以往研究认为信息搜寻和消费者知识在很大程度上是为了降低感知风险,因此对于不同程度感知风险的产品,信息媒介渠道对产品知识的形成作用可能不一样。同时,产品知识形成的不同阶段,信息获得的作用可能是不一样的。本书将在探讨逐步认识某一个产品品类的过程中,信息获取对产品知识造成的影响。简言之,关于消费者产品知识形成的过程,本书将主要探索三个问题:

(1) 互联网下差异化的信息渠道对消费者产品知识形成的影响。

(2) 产品类型(感知风险大小)对信息渠道与产品知识间关系的调节作用。

(3) 学习时期对信息渠道与产品知识间关系的调节作用。

二、消费者知识和推荐代理对品牌忠诚的影响

消费者知识被认为是消费者拥有的人力资本(Human Capital),对产品信息搜寻、购买决策、购买后消费存在广泛的影响(Ratchford,2001)。以往关于产品知识的研究探索了消费者产品知识对网络口碑的信息处理、决策代理机构产品推荐评价和选择,以及产品的消费和使用(Grimes 等,2009;Park & Kim,2008;Swaminathan,2003)。一些研究探索了消费者拥有的产品知识对满意度、品牌转化行为和品牌忠诚度的影响(Capraro 等,2003;Ratchford,2001)。Ratchford(2001)将消费者产品知识看做消费决策过程中的人力资本,

通过理论模型构建探讨了消费者知识对品牌忠诚的影响,认为消费者知识建立在对当前使用品牌的学习和产品选择的基础上,品牌转换行为将会产生消费学习的机会成本,消费者需要投入时间精力等成本进行重新学习,不利于达到消费决策的最优,因此消费者知识会促进品牌忠诚。但是,Capraro 等(2003)通过实证研究发现消费者知识越多,品牌转换的可能性越高,因为更多的消费知识让消费者了解到更多的备选品牌,促使消费者考虑更优的选择。可见,以往关于消费者产品知识与品牌忠诚的研究并未形成一致的结论,本书将进一步探讨其中的作用机制和调节变量。

另外,企业为了降低消费者的搜寻负担,产生了产品推荐代理服务,推荐代理作为一种辅助的消费者决策,同样会影响到品牌忠诚。本书将探索推荐代理与品牌忠诚间的关系。

总之,就产品知识与品牌忠诚间的关系,本书主要探讨四个问题:

(1) 消费者产品知识对品牌忠诚的影响。

(2) 消费者产品知识对品牌影响的作用机制。

(3) 推荐代理对品牌忠诚的影响。

(4) 产品类型(感知风险大小)对消费者产品知识与品牌忠诚间关系的调节作用。

第三节　研究内容

一、研究内容及步骤

根据以上提出的研究问题,本书将围绕以下内容进行研究。

1. 消费者产品知识的形成过程：信息渠道的作用及产品类型、学习时期的调节作用

理论方面，本书将首先对信息媒介渠道的相关理论进行详细梳理和讨论，梳理信息渠道的多样性、信息渠道信息类型的差异，阐明互联网环境下消费者获得产品信息的主要渠道，厘清不同渠道信息内容的差异；其次，梳理消费者知识形成的相关文献，阐述消费者知识形成的前置因素，再基于信息渠道的影响、学习时期和产品感知风险在消费者产品知识形成过程中的影响，建立本书的理论假设。

实证方面，本书选择母婴产品（婴儿配方奶粉和玩具）作为研究对象进行研究设计和问卷调查，以检验本书的理论假设。选择母婴产品对于了解产品知识的形成过程具有重要价值：其一，母婴产品是一个重要的消费市场，同时信息渠道众多、多样化程度较高（刘菁，2015）；其二，对于孕妇和产妇来说，母婴产品类似于一个全新的产品类别，因此可以了解其产品知识从无到有的形成过程；其三，母婴产品的学习时期可以通过婴儿的年龄进行准确界定，这比以新产品为对象的普通消费者学习时期界定更为准确。本书通过问卷调查获得1954名母亲关于配方奶粉和儿童玩具相关的媒介使用、婴儿年龄、产品知识、信息搜寻倾向、产品推荐代理使用情况和品牌忠诚度等相关变量数据。关于消费者产品知识形成的过程，本书根据已经建立的理论模型检验了不同信息媒介对产品知识的影响以及产品类型和学习时期的调节作用。

2. 消费者产品知识和推荐代理对品牌忠诚的影响：信息搜寻倾向的作用机制、产品类型的调节作用

理论方面，本书将首先回顾产品知识对品牌忠诚、品牌转换的相关研究，探讨其研究发现、理论逻辑，论述其结论不一致产生的根本原因；进而梳理了消费者产品知识对消费者决策过程的影响，指出信息知识对决策过程的信息搜寻环节具有重要影响,而信息搜寻倾向影响到备选方案的选择和决策结果的满意度,进而影响品牌忠诚。同时,互联网环境下因信息冗杂造成决策困难,进而衍生的产品推荐代理同样会对决策结果造成影响,影响消费者的满意度、忠诚度。此外,产品感知风险大小对消费决策过程的影响最终调节产品知识和品牌忠诚间的关系。

实证方面,本书基于理论构建的模型,对调查获得的产品知识、产品类型、信息搜寻倾向、推荐代理和品牌忠诚等数据进行分析,检验产品知识和推荐代理对品牌忠诚的影响,验证信息搜寻倾向的中介机制,检验产品感知风险的调节作用。

二、研究意义

以往关于消费者产品知识的研究主要集中在消费者产品知识对产品决策过程的探索,少数文献涉及产品知识对购买决策后的品牌忠诚的影响,但存在不一致的研究发现(Capraro 等,2003;Ratchford,2001);同时更是鲜有研究关注到消费者知识的形成过程。实践环境下,互联网技术广泛应用于营销和消费过程中,消费者获取信息的便捷性和信息的丰富程度、复杂性对消费者知识形成和消费决策过程产生重要影响。因此,本书探讨互联网背景下消费者产品知识的形成过程,以及消费者知识和产品推荐代理对品牌忠诚的影响具有重要意义。因此,本书研究对于理论和实践都具有一定的意义和价值。

理论方面,本书具有五个方面的价值:第一,本书首次探索了互联网背景下,不同的、差异化的信息媒介渠道对于消费者产品知识形成过程的影响;第二,本书探索了学习阶段和产品类型对于信息媒介渠道对消费者产品知识形成影响的调节作用;第三,本书整合了以往研究关于消费者产品知识和品牌忠诚间关系的不一致结论,发现了产品感知风险类型的调节作用,即在高感知风险下，消费者产品知识和品牌忠诚间呈 U 型关系，在低感知风险下，消费者产品知识正向影响品牌忠诚；第四，本书探索了消费者知识对品牌忠诚影响的中介机制，发现信息搜寻倾向存在中介作用，这也揭示了互联网环境下决策过程的信息搜寻阶段对决策结果的重要影响；第五，本书探索了互联网环境下衍生的产品推荐代理对品牌忠诚的影响。

实践方面，本书的应用启示体现在三个方面：其一，本书的研究发现将帮助企业了解不同媒介渠道对消费者产品知识形成的作用，当企业在考虑影响消费者产品知识时，可以选择适当的媒介渠道传播信息；同时，具体地关注消费者处于的学习阶段和具体的产品类别，区分不同媒介渠道发挥的作用。其二，本书的研究发现有助于企业更明确深入地了解消费者产品知识和品牌忠诚间的关系及其内在机制、产品感知风险的调节作用，为了确保品牌忠诚，对于高感知风险的产品，企业可以考虑通过简化信息，帮助消费者减少信息搜寻投入，而对于低感知风险的产品，优秀的企业则应当努力通过媒介渠道提高消费者产品知识、进而提升品牌忠诚。其三，由于互联网信息的复杂性，推荐代理企业应当注意提升消费者认知中的情感价值，因为情感价值对品牌忠诚具有重要影响，而功能价值的影响则较弱。

三、研究方法概要

本书的开展使用了文献研究、调查法和数理统计检验等方法。文献研究主要体现在对以往相关研究的回顾和理论假设的推演，通过对以往文献的回顾确定本书的研究主题和潜在的理论价值，通过相关理论的梳理为本书假设的发展和建立提供理论支持。基于理论模型，本书进行了较大规模的问卷调查，调查数据分别涵盖了消费者知识形成过程中的相关变量，以及消费者知识对品牌忠诚形成的相关变量。对于调查获得的数据，本书采用 SPSS 22.0 数据处理软件，进行了描述统计分析、方法差分析（ANOVA）、独立样本 t 检验、多元线性回归分析和 Bootstrapping 中介作用分析等检验。

本章小结

当今社会互联网发展迅速，丰富多样化的信息媒介渠道对消费者购物决策过程产生重要影响，消费者在信息搜寻和购买过程中形成了个体的产品知识。以往研究鲜有关注到信息媒介渠道对消费者产品知识形成过程的影响，而消费者产品知识对购买后的品牌忠诚与以往发现存在不一致之处，本书基于此提出了探索消费者知识形成过程及其对品牌忠诚影响的两个主要研究问题。而后阐述了本书的理论意义和实践价值。最后介绍了相关研究内容及研究方法，以及后续研究的基本脉络。

第二章 消费者知识形成及其对品牌忠诚影响的理论基础

针对本书提出的三个研究问题,故文献综述部分也将分为三个部分。在第一部分,本书将主要考察消费者知识形成及其前置因素,并着重探讨作为前置因素之一的信息媒介对于消费者知识形成的作用。在第二部分,本书对消费者知识与品牌忠诚之间的关系进行了重点梳理。由于以往文献出现了不一致的结论,为了尽可能回答它们之间作用机制的问题,本书采取了"退一步"的处理方式,即综述消费者知识与购买决策过程的关系,并进一步梳理消费者知识与信息搜索行为之间关系的文献,考虑了这其中可能的调节因素消费者学习与产品感知风险的相关文献。在第三部分,本书综述了互联网情境下衍生的信息推荐代理对消费者购买决策的影响,以期为探索推荐代理与品牌忠诚的问题提供文献支撑。

第一节 消费者知识形成及其前置因素

在本节,主要梳理的是消费者知识形成及其前置因素。首先将厘清知识的内涵、消费者知识的内涵、分类及其消费者知识形成的过程。然后对消费者知识形成的前置因素进行系统的梳理。为了重点考察本书研究问题涉及的信息媒介对消费者知识形成的影响,本书特意将消费者知识形成中的前置因素之一的信息媒介单独拿出来放在最后一部分讨论,并重点综述了信息媒介的内涵以及互联网背景下,信息媒介对消费者知识形成的作用。

一、知识的内涵

在对消费者知识进行系统梳理之前,本书先对知识的内涵进行相应的文献回顾。由于知识无处不在,不同视角展开的研究对其看法也各不相同。然而,学术界对知识的定义一直未达成共识。因为知识本身是一个很宽泛的存在。很多学者认为,知识是信息的一种。Drucker(1993)就指出,知识是一种信息,这种信息能够改变某些人或某些事物,具体而言,这类信息包括两类:首先是包括怎样使信息成为行动的方式,其次是包括如何通过对信息的运用而产生的行为方式,这种行为方式能够使得个体或机构变得更加有效,或者变得有足够的能力实现改变。还有的学者是从流动性视角看待知识的内涵,Davenport 和 Pusrka(1998)认为知识是一种流体,这种流体可能包括特殊含义的信息已经被结构化的经验、价值和专家发布的一些洞见。并且这种流体具有较高的流动性。此外,还有学者从框架视角看待知识的内涵。Hall 和 Andriani(2002)研究指出,知识是服务于目的的,它产生于个体的头脑,并形成一个框架,这个框架包括收集和评价新经验和新信息。而知识具体指的是这个框架里已经被结构化和目标化的信息。还有一些知识的定义则从更加抽象的内涵中提出,Hall 和 Andriani(2002)因此进一步提出,知识既包括那些从抽象层面的、能够影响人的思想和行为的因素如组织文化等,也包括那些能够解释、预测甚至控制现实中存在的物理现象的抽象的信息,如成型理论和技能等。

总的来说,以往对于知识的内涵界定是围绕信息视角展开的,但在如何应用信息上出现了视角的差异。有的学者把知识视为解决问题的信息形式。有的学者将知识看成解释或预测某些现象的信息形式,也有学者将知识看成一个综合的框架或流体,是多种信息形式的混合。但终究是对信息的应用。但在具体的消费者情境中,知识又会出现何种差异性,下文将系统地进行论述。

二、消费者知识的内涵

消费者知识的研究一直被认为是消费者信息搜索行为、消费者信息处理等相关领域研究的重点议题(Brucks,1985;Alba & Hutchinson,1987;Bettman & Park,1980;Johnson & Russo,1984)。在20世纪80年代以后,关于消费者知识的研究逐渐引起了学者们的极大热情。简单来说,消费者知识指的就是消费者对于产品的了解程度。具体而言,学者们对于消费者知识内涵进行了不同角度的讨论。Brucks(1985)最初对消费者知识进行了简单的定义,他认为消费者知识就是关于某类产品的术语,产品属性以及一些使用状况的知识。Beatty 和 Smith(1987)则认为消费者知识是消费者感知某些特定产品的知识和其他相关的了解。Srinivasan 和 Ratchford(1991)在时点上进行了严格的界定,认为消费者知识是消费者搜索开始的那一时点时,储存在记忆里的关于产品类别与品牌的知识。这种定义认为先前的产品经验构成了产品知识,并得到了很多学者的认同(Alba & Hutchinson,1987)。而 Mitchell 和 Dacin(1996)则从问题解决的视角对消费者知识进行定义,他们认为,消费者知识是消费者为解决特定问题来选择产品时而需要的相关的知识。Alba 和 Hutchinson(1987)则从内容结构的视角对消费者知识进行了定义,他们将消费者知识分为专业和熟悉度两个层面,其中专业指完成某特定任务的能力,熟悉度指积累的产品经验。类似的,Aurier 和 Ngobo(1999)的研究中也将消费者知识分成了两个部分:经验和产品知识。其中经验指的是积累的购买经验,而产品知识指的是用于产品决策的记忆信息的汇总以及决策判断的汇总。具体定义如表2-1所示。

表 2-1 相关学者对于消费者知识的定义

学者	年份	定义
Brucks	1985	消费者知识就是关于某类产品的术语，产品属性以及一些使用状况的知识
Beatty 和 Smith	1987	消费者知识是消费者感知某特定产品的知识和其他相关的了解
Srinivasan 和 Ratchford	1991	消费者搜索开始的那一时点时，储存在记忆里面关于产品类别与品牌的知识
Mitchell 和 Dacin	1996	消费者知识是消费者为解决特定问题来选择产品时而需要的相关知识
Alba 和 Hutchinson	1987	消费者知识分为专业和熟悉度两个层面，其中专业指完成某特定任务的能力，熟悉度指积累的产品经验
Aurier 和 Ngobo	1999	将消费者知识分为两部分：经验和产品知识。其中经验指的是积累的购买经验，而产品知识指的是用于产品决策的记忆信息的汇总以及决策判断的汇总

注：笔者根据相关文献整理。

总体来说，以往学者们基本认可消费者知识主要来自先验知识，且主要聚焦在对产品的了解程度。并且学者们普遍认同消费者知识的范围主要分为两部分：积累的经验和用于判断的能力。因此，本书将消费者知识定义为消费者在进行决策判断时，记忆中储存的相关产品经验以及用于产品决策的记忆信息的汇总和决策判断的汇总。

三、消费者知识的分类

随着消费者知识研究的深入，学者们发现不能将知识视为单一维度来看。其中被学者们讨论得最多的是主观知识和客观知识的分类（Brucks，1985；Park & Lessig，1981）。主观知识（Subjective Knowledge）指的是个体对于一个产品感知的信息内容和信息量,而客观知识(Objective Knowledge)指的是在长期记忆中储存的、关于某一类产品的准确信息。这两类知识的差别在于,个体认为他知道的知识与他实际知道的知识并不能等同,其中客观知识即实际知道的知识,主观知识即他认为他知道的知识。并且众多研究表明这两类知识对信息搜索、信息处理的影响是有差异的(Bettman & Park, 1980; Brucks, 1985; Park & Lessig, 1981; Park 等, 1988)。但 Raju 等(1995)认为消费者知识不仅仅只有主观知识和客观知识两类,他在这两类的基础上增加了第三类:使用体验(Usage Experience)。第三类知识表达的是购买和使用该产品的体验的知识数量。关于使用体验,并未得到绝大多数学者的认同,很多学者认为其和主观知识等同,或者不能算成知识这一类。但 Raju 等(1995)坚持认为,使用体验是通过对产品连续使用才获得的知识,并且它绝不等同于主观知识,因为主观知识取决于个体的差异,而不同的个体对于类似的使用体验未必会获得相同的主观知识。因此,使用体验应该是区别于主观知识的新一类知识。而 Park 等(1988)则从层次的角度将消费者知识分为四类:世界知识、系统知识、任务知识和域知识。其中,世界知识是普遍的世界观,系统知识是对于某系统的特定理解,任务知识是为完成特定任务所需要的知识,域知识就是对某特定搜索问题的知识,这四类知识层次越来越小。国内学者王婉和吴泗宗(2012)则认为,传统主观知识和客观知识的分类方法更多是基于测量的角度考虑,并没有从内容角度将消费者知识进行合理分类。因此他们认为消费者知识可分为五类:程序性知识、直接经验、间接经验、具体产品知识和使用知识,这种分类较为全面地涵盖了消费者的内容范围。

可以说,学者们对消费者知识的分类展开了广泛的研究。学者们基本认为,消费者知识并不是一个单维度的构念。而主观知识和客观知识的分类是学者们探讨的最多的分类,因为这种分类回答了消费者对于知识掌握的一个基本问题,即他认为自己了解多少知识和他实际掌握多少知识。

四、消费者知识的形成

由消费者知识内涵的探讨可知，消费者知识的形成是一个需要时间积累的过程。无论是对于产品经验的积累，还是相关技能的培养，消费者知识的形成都需要一个积累的过程。Bettman 和 Park（1980）的研究指出，在这个形成过程中会涉及一系列的行为，如与购买产品相关的信息搜索行为、实际购买和使用行为等。这些行为对于消费者知识涉及的经验的积累和技能的培养至关重要。学界直接针对消费者知识形成过程的研究并不多，但本书可以从消费者学习、社会化的相关研究中了解其过程的运作机制。

首先，学者们探讨的是消费者知识形成过程的动机。Park 和 Lessig（1981）的研究指出，为了形成知识，消费者选择进行学习的动机是为了减少信息搜寻的努力。相关研究从不同研究情境验证了这一观点。

其次，学者们针对消费者知识形成的具体过程也展开了一系列的研究，如 Van Waterschoot 等（2008）在消费者学习的过程中就清晰地描述了知识形成的过程。他们认为这个过程分为三个阶段：首先是概念形成的阶段，在这个阶段消费者获取信息形成标准；其次是概念获取阶段，在这个阶段消费者根据标准来确定具体信息；最后是概念使用阶段，在这个阶段消费者根据前两个阶段的基础来进一步了解具体购买选项信息。Van Waterschoot 等（2008）对于消费者知识形成过程的研究主要聚焦在知识的有用性，主要强调的是消费者知识的专业能力方面，而忽视了客观储存在长期记忆中的那一方面，他们更深入的研究涉及了内容结构的这两个方面。他们研究将消费者知识的形成视为两个过程，一个是机械记忆的过程，另一个是问题解决的过程。在机械记忆的过程中，消费者主要是通过不断主动接触或者被动接触的方式获得信息，比如营销者不断地将信息暴露给消费者。通过这样的过程让信息慢慢地在消费者长期记忆中稳定储存起来。而在问题解决的过程中，消费者主动地去处理信息、不断地进行判断。Frisou和Yildiz（2011）则从知识形成程度的视角探索了其过程。他们认为，消费者知识在形成的过程中会经历两个阶段：首先是适应阶段，即对各类信息或知识逐渐熟悉的过程；其次是发展阶段，是对已有信息进行调整和使用的过程。Peter和Olson（2010）则认为消费者知识的形成是一个演进的过程，并不是一个简单累积的过程。他们认为，消费者知识首先是累积阶段，在这个过程中主要还是通过信息的接触给已有的知识结构添加新的知识。其次是调整阶段，强调新知识对旧知识的改造过程，而这个过程主要来自对于新产品和服务的体验。最后是知识重建阶段，是前两个阶段的知识与旧知识进行融合的过程。

综上所述，消费者知识的形成是一个需要积累和反复实践培养的过程，并且对消费者内容结构的两个方面，其各自形成的过程存在差异。学者们也分别对其进行了一定程度的探索。

五、消费者知识形成的前置因素

消费者知识形成的过程是一个需要多种力量共同作用的过程。这些力量将会直接影响知识形成的过程。因此，本部分将梳理当前研究关于消费者知识形成的前置因素。具体来说，本书在这部分梳理了家庭因素、同伴因素、文化因素和情境因素的影响。另外，媒体因素也是消费者知识形成非常重要的前置因素。因为本书需要重点考察信息媒介对消费者知识形成的影响，因此，将重点讨论信息媒介的影响。

（一）家庭因素

家庭因素是影响消费者知识形成的重要因素。在消费者受外界环境的影响中，家庭是接触面最广的单位。以往关于消费者社会化的研究指出，家庭成员之间的互动以及模仿活动对于消费者的学习起到至关重要的作用。从他们的研究可以看出，家庭成员间的模仿互动，可以让消费者与家庭成员在意识上具有一致性倾向，一致性的影响主要以一种规范或者权威性的形式让消费者形成新的知识。因此，家庭因素代理的这些一致性倾向加速了消费者知识的形成。相关研究指出不同类型的家庭（主要体现在沟通风格上）也会影响消费者社会化的过程，从而影响消费者知识的形成。国内学者郭朝阳和陈畅（2007）从家庭代际的视角切入，发现家庭代际中的民主气氛会影响到行为一致性，从而影响消费者知识的形成。此外，家庭成员的知识资源和其他相关的信息来源是儿童、青少年消费者社会化的重要因素之一，家庭成员资源的掌握，甚至家庭成员对于专业技术掌握和分配的程度都会决定消费者知识的形成过程。除此之外，还有学者关注家庭成员间沟通的强度。Viswanathan 等（2000）的研究表明，子女与父母沟通的频率与效果也会直接决定消费者社会化的过程，从而影响消费者知识的形成。

由上可知，家庭因素的确是影响消费者知识形成的重要因素，但当前研究主要集中在青少年消费者的影响。因为青少年还处在社会化的重要阶段，而家庭的影响又是社会化最重要的外部因素，因此青少年消费者受到以往学者们的重点关注。而事实上，即使是成年消费者，其很多消费者知识也是来自其青少年时期社会化的过程，即家庭因素对消费者知识形成过程的影响的研究结论同样具有一定的可推广性。另外，由以上研究可知，家庭因素对消费者知识形成的影响主要来自一致性倾向，即主要是通过权威和规范的作用来促进消费者知识的形成。

（二）同伴的影响

同伴是另一个会影响消费者知识形成的重要因素，特别是当儿童离开家庭，走入学校甚至是进入大学学习的过程中，同伴对个体产品属性知识、购物经验和产品使用知识的影响至关重要。Bearden 等（1989）最早基于大学生样本对同伴的影响进行了一定程度的探索。研究发现，这些过程均会影响消费者知识的形成过程。与家庭的作用类似，同伴作用在消费者模仿或者与同伴沟通的过程中直接发生。但同伴作用有一个显著特点是，沟通是平等的，并且之所以能沟通是来自于对其生活方式的认同，因此同伴影响消费者知识形成的过程也具有类似的特点。同伴影响消费者知识形成的作用主要有两类：第一类是信息影响，第二类是规范影响（Bearden 等，1989）。本书认为信息能够方便消费者对于相关知识的积累，形成更高的产品熟悉度，并且还能为专业技能的形成提供关键信息。而规范影响为消费者提供了一些相应的标准，方便其形成相关的专业技能，并且还通过参照点的方式为消费者知识的形成提供了有效的方向。Mangleburg 等（2004）从信息获得和社会规范两个方面探索了同伴沟通接触对消费者社会化的影响，他们发现信息影响主要是通过理性认知的方式，最终影响到信息处理的规则从而作用到消费者知识的形成；而规范影响更多的是一种感性的方式，如在同伴中具体表现为结伴而行，这类行为带有一定的感情特征，给消费者知识形成带来了感性影响。因此，这种影响在消费者有关专业技能的培养上也具有一定的偏向性。

由上可知，同伴同样也是影响消费者知识形成的重要因素，并且以往在消费者社会化的相关研究中有所涉及。与家庭影响类似，同伴对于消费者知识的形成主要也是通过交流、模仿互动等方式，但同伴影响基于信息影响和规范影响两个路径，是有显著的差异的。

（三）文化环境因素

文化环境因素同样也影响着消费者知识的形成。每个国家不同的文化导致消费者应对信息时表现出不同的行为逻辑。西方文化是强调个人主义的文化，对于独立和自主，发展自我个性、自我实现等十分看重，而这些特点使得西方消费者的知识形成也有其独特特点。Kelley 和 Tseng（1992）的研究就表明，西方当地文化会对消费者知识形成产生影响，如育儿观对消费者知识的积累。

对于中国文化来说，数千年的积累使得其有自己的价值观、世界观、处世原则等。中国文化可能对于消费者知识的影响更多是从规范作用的角度出发，Rose（1999）的研究就表明，远东尤其是中国的儿童在购买自主权的年龄上，也就是达到具有成熟消费者知识的年龄要更迟。也就是说远东文化的保守力量在一定程度上阻碍了消费者知识的形成。对于中国来说，由于幅员辽阔，民族众多，文化上还表现出极大的差异性。相关研究表明，西南、华南地区的消费者更务实，而华北、西北和华中地区的消费者更享乐，这些特征也在一定程度上影响了消费者知识的形成。

综上所述，文化对于消费者知识的形成主要体现在文化的差异性上。不同民族、文化的背景使得消费者知识的形成过程也有不同的特点，在中国文化背景下，规范性的作用对于消费者知识形成的作用可能相对更大。

（四）情境因素

情境因素，尤其是购买情境因素能够显著影响消费者知识的形成。Belk（1975）将情境因素分为四类：购买决策前的状态、购买场所的社会氛围、购买场所的物理环境、时间相关因素。而学者们对购买情境如何影响消费者知识的形成也展开了一些研究。Roth 和 Shoben（1983）指出，购买场景等情境因素会使消费者加速对于以往相关记忆的整合，提高对品牌的认知从而促进知识的形成；基于研究发现，他们认为随着当前销售方式的多元化以及场景的多样化，利用购买情境促进消费者知识形成将是未来一个重要的研究方向，因为消费情境因素是企业可以直接、也是最容易操纵的，对消费者的即时购买行为具有显著影响。而在国内的研究中，庄贵军等（2004）同样也发现了购买使用情境中的因素会显著影响消费者知识的形成。

总体而言，情境因素对消费者知识形成的研究不算是学界关注的重点。但学者们基本认为，购买情境的有效设计可以提高消费者的认知能力，促进将其记忆中相关信息进行有效整合，从而促进知识的形成。但对于如何操作的问题,学者们并未找到太多有效的解决方式,以后仍旧是一个值得深入探索的方向。

六、信息媒介与消费者知识

事实上,信息媒介因素也是影响消费者知识形成的重要前置因素。由于本书的研究问题需要重点关注信息媒介与消费者知识形成的关系,因此本书将在本部分讨论信息媒介因素。

(一)信息媒介

信息媒介是人类为了完成传播活动,联系传播者和受众的中介物,也是消费者获取信息的重要渠道。一般来说,信息媒介可分为三类:第一种为人际传播媒介,如电话、书信等;第二种为群体传播媒介,如公文、内部报刊等;第三种为大众传播媒介,即社会上以一般大众为对象进行大规模信息生产和传播活动所用的媒介,如书籍、报纸、当前社交传播工具等。本书只聚焦大众传播媒介。McNeal 和 Ji (1999) 曾在中国进行实证调查发现,信息渠道,特别是新兴媒体已经成为中国消费者获取产品信息的重要来源。在最早的研究中,电视媒体是被学者们广泛讨论的信息媒介。他们的研究普遍认为,电视广告具有很强的劝说作用。随着互联网的兴起,社会化媒体逐渐引起研究者们的兴趣,他们的传播效应完全不同于传统媒体。最早的雏形是虚拟社区,Rheingold (1993) 就研究了虚拟社区作为信息媒介的作用,发现虚拟社区主要是以成员分享的形式提供信息,这与传统媒体的单向传播有显著不同。随着互联网技术的继续进步,社交网络成为了新的信息媒介。Bruce 等 (2008) 的研究就考察了社交网络作为信息媒介的作用。社交网络是基于社会关系让用户相互关注,并且不受时间限制阅读对方的信息。并且社交网络这种信息媒介可以让个体的形象通过传播变得更加完整。

学界热衷讨论的另一个话题就是大众信息媒介中传统媒介与网络媒介的差别。于娜（2008）对以往学者针对这两者的差别进行了系统的梳理。具体表现在：首先传统信息媒介的传播是线性的，并且具有不可逆的特征，而网络媒介具有双向互动性，并且信息可以循环往复；其次传统信息媒介中传播者具有绝对中心的地位，而在网络信息媒介中不存在固定的传播者和接收者，每个个体既可以传播信息，也可以接收信息；最后传统信息媒介的主体较为单一，而网络信息媒介参与主体趋于多元化。

由上可知，信息媒介随着互联网技术的兴起呈现快速演化的趋势，并且相对于传统媒介，新媒介的传播方式已经发生了革命性变化，信息更加丰富，主体更加多元，互动更加频繁。

（二）网络信息媒介在消费者行为中的研究

随着网络经济的深入，网络信息媒介在消费者中的作用也越来越大。消费者行为领域的研究学者逐渐开始注重网络信息媒介的作用，且主要聚焦在网络信息媒介提供的内容、可信度以及其如何影响消费者的态度。

研究者首先聚焦在网络信息媒介为消费者提供何种内容方面。Gelb 和 Sundaram（2002）认为，网络信息媒介主要是为消费者提供真实的意见以及对产品体验的第一手信息，且网络信息媒介匿名的特征使得发布者的意愿更强；他们进一步深入辨别了网络信息媒介中正面信息和负面信息的差异性影响，发现负面信息的影响更为明显。Chen 和 Xie（2008）的研究则专注在网络信息媒介提供的产品属性信息方面。国内学者孙春华和刘业政（2009）的研究则聚焦在内容的构成比例上，他们发现当正面内容比例为80%，负面内容比例为20%时，网络信息媒介对于消费者仍然会产生正面影响，但是网络信息媒介提供的内容长度和方向都不会产生显著效果，同时网络信息媒介中内容特质的趣味性和生动性都会增进信息媒介对消费者的影响。

网络信息媒介提供内容的可信度也是学者们关注的重点。首先学者们借鉴的是线下信息媒介信息可信度的研究结论。Bordia 和 Rosnow（1998）的研究认为，关系强度是影响信息媒介可信度的重要原因，而关系强度体现在消费者对信息媒介的熟悉和了解程度，他们进一步指出，当信息媒介的内容来自权威人士时，可以显著提高信息的可信度。而具体到网络信息媒介的可信度，学者们也展开了一系列的研究，并认为其存在着一定的差异性。Chatterjee（2001）的研究就指出，网络信息媒介提供的信息与线下信息媒介提供的信息在可信度上具有较大的差异，具体而言，网络信息媒介可能来自不专业、不可靠的消费者，使得消费者在可信度判断上出现了一定的困难。国内学者陈明亮和章晶晶（2008）则认为，网络信息媒介的可信度应该聚焦在专业性、客观性和可靠性三个方面。

学者们关注最多的还是网络信息媒介如何影响消费者的态度，如网络信息媒介中的负面内容比正面内容对消费者认知以及态度的影响更大。Park 和 Lee（2009）聚焦在网络信息媒介中的负面内容，发现当逻辑组织程度高的时候，对消费者态度的影响较大，他们进一步关注到网络信息媒介中的声誉对消费者态度的影响，他们发现具有良好声誉的网络信息媒介对消费者的效果要显著好于声誉较低的网络信息媒介的影响。另外，学者们还认为，在考察网络信息媒介对消费者影响的时候还需要考虑涉入度的调节作用。Van Wangenheim 和 Bayón（2004）的研究就指出，当消费情境处于高涉入度时，网络信息媒介对于消费者态度的影响会更大。因为高涉入度会让消费者引发更高的风险感知。此时信息媒介的口碑内容在购买决策中发挥的作用将更大。

总体来说，网络信息媒介在消费者行为领域已经展开了广泛的研究。首先，学者们认为网络信息媒介的内容构成及其特征都可以影响到对于消费者的传播效果。其次，学者们还考察了网络信息媒介的可信度研究，发现在网络情境下，消费者对信息媒介可信度的判断存在一定的困难，并且与传统信息媒介也存在一定的差异性。最后，学者们对于网络信息媒介对消费者态度的研究也展开了广泛的研究,基本认为,随着网络经济的深入,网络信息媒介对于消费者的作用越来越大,不同的内容、信息媒介的特征对消费者态度的影响也存在着较大差异。

(三) 传统信息媒介与消费者知识形成

信息媒介对于消费者知识的形成起着至关重要的作用,本部分将重点关注传统信息媒介对消费者知识形成的影响。首先学者们关注的是传统信息媒介的信息来源问题。Blodgett 和 Hill(1991)将传统信息媒介的信息来源分为四个部分:中性信息来源、广告媒体搜寻、商店搜寻、周围人搜寻。按照其他维度标准,信息来源又分为人员信息来源和非人员信息来源,其他维度可划分为内部信息来源和外部信息来源。

除了关注信息来源的问题之外,学者们还关注信息媒介在影响消费者知识形成的过程中,消费者会投入的认知努力的问题。消费者的认知努力会受到产品因素、市场环境、情境因素、购买环境、个人因素和购买目的等因素的影响;国内学者李东进(2001)也对信息媒介影响消费者知识形成的过程中认知努力的因素进行了探究,他发现,原有的产品知识、搜寻态度、消费者涉入度以及时间压力均会影响到这个过程中消费者的认知努力。

传统媒介类型的比较也是学者们热衷探讨的领域。Wirtz 和 Chew(2002)比较了传统的口传方式与其他信息媒介的效果,他们的研究发现,口传方式的信息媒介对消费者的沟通效果要明显好于其他传统信息媒介的沟通效果。口传类的信息媒介之所以效果更好在于它可以更好地分散风险,并能有效地促进决策的进行。同时,在口传类信息媒介影响消费者知识形成的过程中,强关系会促进它们的影响。但是,在某些情况下,特别是在某些复杂产品的购买情境下,弱关系的效果可能会更好,因为强关系推荐者往往会考虑更多正面、负面的信息,无法形成明确的推荐意见。传统广告也是学者们重点比较的对象。同时,电视广告也是形成消费者知识的一个重要方面,因为广告内容的传播能够很好地影响消费者关注产品属性知识的敏感性，促进相关知识的形成。Norris 和 Colman（1992）的研究则比较了电视广告和一般杂志，发现两者对消费者知识形成具有差异性影响。同时，电视广告这样的信息媒介应该在内容上突出消费者认为重要的品牌属性，这样才能促进消费者知识的形成。此外，将品牌名这样的信息置于广告信息媒介的末尾会有效地提高消费者联想，从而促进知识的形成。而对于广告影响消费者知识形成的具体过程，学者们也提出了各类模型。消费者知识可以依据形成过程分为不同的阶段，首先是觉察，其次是了解，再次是信念，最后是行动，这种过程的本质就是让消费者了解熟悉相关经验和信息，最终并应用信息的过程。随后的学者们在其基础上进行了相应的补充。

同样地，学者们对多渠道传统媒介影响消费者知识形成的过程也很感兴趣，多渠道中的正面内容和负面内容如何影响消费者的知识形成。正面信息内容和负面信息内容同时并存可以有效地影响消费者信息处理的过程，但总体而言，负面信息会降低信息媒介内容在知识形成过程中被接受的程度。Laczniak 等（2001）的研究则指出，多渠道传统媒介并行的影响，尤其是信息冲突时的影响可以受到信息展露顺序的调节。

传统信息媒介对消费者知识形成的影响过程中，已有知识和新知识的比较研究也成为学者们的关注点。Simonson 等（1988）率先在该领域进行了研究，并发现消费者确实对这两类知识的关注投入有不同的重视程度，并指出企业应该在传统媒介信息中的关键属性部分强化对消费者的正面认知。传统信息媒介对消费者知识和决策的影响可以分为两个阶段：判断和选择。Sen（1999）的进一步研究指出，在判断的过程中，已有知识将会发挥比较大的作用。若在判断阶段时消费者可直接形成知识，则传统信息媒介应该强调产品的具体利益。若是在选择阶段时消费者才形成知识，则消费者知识主要来自品牌间的比较，此时传统信息媒介应该突出品牌的一般利益。但对于传统媒介引发的新知识的学习，学者们提出了两个理论来解释知识形成的过程。适应性学习理论将知识看成是线索，新、旧知识是两类线索，并且这两类线索可以通过联想发生相互作用。但是根据关联网络记忆模型理论，这两类线索是相互独立的，但同样会引发消费者相应的联想。

可以说，学者们对传统信息媒介对消费者知识形成的影响已经展开了深入的研究。具体而言，在传统信息媒介的信息源、不同传统信息媒介的比较，多种传统信息媒介信息冲突以及传统信息媒介中新旧知识在知识形成中发挥的不同作用中，学者们已经取得了丰富的成果。

（四）互联网背景下信息媒介与消费者知识形成

本部分从知识的视角梳理互联网背景下信息媒介对消费者知识形成的影响。从当前研究来看，网络信息媒介对消费者知识的形成有着重要的影响。Smith（2007）的研究指出，在社会化媒体中，信息主要以商业口碑的形式存在。而口碑是消费者知识形成的重要基础。在互联网背景下，要知道信息媒介如何影响消费者知识的形成，首先得了解消费者如何从信息媒介解读信息。Choo（1999）就针对这一问题提出了一个信息循环模型。这个模型是基于信息需求、搜寻和使用的内外三角循环。当消费者处于信息需求阶段时，他们就会针对信息媒介所传达的相关信息进行模拟，判断该信息是否能解决自己的问题；当消费者处于搜寻阶段时，消费者会有三个标准来对信息进行判断，首先是感知有用性，其次是感知易用性，最后是自己想用的态度。针对这三个标准，对信息媒介传递出来的信息进行价值判断。在信息使用阶段，主要是对信息的感知价值进行评估。而互联网环境下，消费者如何有意识地通过在信息媒介中搜索信息形成知识，学者们也提出了相关模型。Saracevic（1996）将这些模型分为三类：传统模型、认知模型和插曲模型。传统模型关注的是用户和系统两个因素，主要研究用户在网络环境信息搜索中如何做到有效比较和匹配，将用户和系统的互动进行了描述；认知模型则对消费者信息处理里面所有的认知过程进行了关注,尤其关注了消费者兴趣引发的认知结果,并指出消费者在这个过程中会首先将信息媒介影响过程中的目标和问题转化为信息问题,然后通过搜索找到该信息问题的答案来解决问题;而插曲模型则描述的是一个积极的互动模型,强调消费者与网络系统的互动,并把这种互动分为四个部分:首先是浏览搜索的过程,其次是与互联网系统的互动,再次是信息获取的模式,最后是需要考虑的资源。而在互联网背景下,消费者会更有针对性地对信息进行解读来形成自己相关的知识。国内学者高钢(2011)则研究了互联网背景下新兴信息媒介的影响。他发现这些新的信息媒介改变了传统的信息交流传播模式和信息提供方式。网络的数字技术改变了新媒体下信息创造模式,个体在接受信息时能够更好地匹配需求,这更有利于消费者知识的形成。

此外,在互联网背景下,消费者对信息媒介传递信息的可信度也是学者们研究的热点。因为只有可信的信息才能成为消费者形成知识的依据。井淼等(2013)指出,信息媒介传递信息可以从三个方面来考察可信度:①来源可信度;②内容可信度;③渠道可信度。消费者在知识形成之前,会重点从这三个角度先评估信息媒介信息的可信度。

由上可知,互联网背景下,信息媒介对于消费者知识的形成毫无疑问有着显著的影响,知识的形成取决于消费者如何对信息媒介传递的信息的解读,学者们为此也提出了一些相应的模型。并且在互联网背景下,新的信息媒介传递的信息更倾向于与消费者的需求实现匹配,对于消费者知识的形成有着更加积极的效应,但互联网背景下消费者知识的形成对于信息可信度的要求也更高。

第二节　消费者知识与品牌忠诚及其作用机制

本部分主要针对本书另一个重要的研究问题"消费者知识对品牌忠诚的影响及其机制"所涉及的文献进行梳理，首先对品牌忠诚及其相关理论的形成以及前置因素进行综述，然后直接梳理消费者知识与品牌忠诚的关系的文献，但发现了不一致的结论。为了解决不一致的矛盾，厘清消费者知识与品牌忠诚之间的关系的作用机制，在第三部分，本研究后退一步，梳理了消费者知识与购买决策过程之间关系的文献，但仍未对作用机制有清晰的认识，因此在第四部分，本书进一步细化梳理了消费者知识与信息搜索关系的文献，发现消费者知识与信息搜索的非线性关系，并在第五部分梳理了可能的调节变量—消费者学习和感知风险与信息搜索之间关系的文献。

一、品牌忠诚

品牌忠诚是顾客忠诚研究的一个分支，是其在品牌方面的表现。品牌忠诚的概念大概在20世纪30年代提出，但品牌忠诚行为直到近30年来才逐渐成为学者和营销工作者讨论的热门话题。在此之前，关于顾客满意的研究被学者们从营销的各个概念研究中推到至高无上的地位（Oliver，1997）。然而，随着实践中越来越多满意并一定带来忠诚的案例发生，学者们开始呼吁要远离"单纯满意研究"。Jones 和 Sasser（1995）认为，仅仅满意的消费者本质上只是在购买决策上拥有自由，并不保证他们一定会对品牌保持忠诚。相关学者同时指出，仅仅满意的消费者是远远不够的。至此，学界和营销工作者把品牌忠诚行为纳入重点考察的主题之一。

(一) 品牌忠诚的内涵

在讨论品牌忠诚内涵前，我们需要了解何为忠诚？忠诚指的是真心诚意、无二心，强调一种坚定的信念和追随，是一个伦理学话题。而在品牌研究领域中引入忠诚主要是从品牌建设角度来说，希望让消费者对其真心诚意，从而提高品牌的营销绩效。但学者们对于品牌忠诚的定义却未达成一致。Jacoby (1971) 对于品牌忠诚的内涵的界定是可追溯的、当前研究中最为完整的定义。他认为品牌忠诚指的是消费者对于品牌的一种非随机反应。这种反应较为稳定，能长时间存在，表现为决策者在多个品牌范围内对于某品牌的承诺。Dick 和 Basu (1994) 的研究将品牌忠诚界定为消费者对于特定品牌重复购买的长期承诺，具体表现为友好态度和重复惠顾。他们的这一定义来自 Jacoby 和 Kyner (1973) 对顾客忠诚的研究。他们认为顾客忠诚的研究应该采用两派研究方法：行为方法和态度方法。行为方法强调研究消费者对产品以及服务的重复购买行为，态度方法强调研究消费者对产品以及服务的依赖和偏好。因此，Dick 和 Basu (1994) 在界定品牌忠诚内涵的同时，也将品牌忠诚分为行为忠诚和态度忠诚两类。品牌行为忠诚指的是对某特定品牌的重复购买行为，而品牌态度忠诚指的是对某特定品牌产品以及服务的依赖和偏好。之后的学者对于品牌忠诚的界定基本是针对这两类展开的，有的采取了综合的视角。如 Gremler 和 Brown (1996) 认为品牌忠诚是消费者重复购买特定品牌行为的程度以及对其所持的积极态度。有的学者只专注行为视角，Zeithaml 等 (1996) 对品牌忠诚的定义则是聚焦于各类品牌忠诚的行为，他们认为品牌忠诚是消费者展示的一系列希望与品牌保持关系的企图行为，如持续购买、积极口碑传播以及分配较高的钱包份额。而 Oliver (1997) 对于品牌忠诚的定义是被学界推崇得最多的定义。他们认为，品牌忠诚是即便存在其他商家的营销也要努力让其进行品牌转移的行为，消费者仍然在未来某一段时间内重复购买或者再惠顾某一特定品牌或者品牌大类的产品，以及服务的行为或者展现出来的深度承诺。

Oliver（1997）的定义之所以被推崇在于它不仅将态度忠诚和行为忠诚纳入了品牌忠诚的内涵，还强调了其他商家营销努力的干扰也是衡量品牌忠诚的重要标准。这一定义突出了品牌忠诚的效果，广受学者们的欢迎，也被大量学者引用。此外，国内学者也对品牌忠诚的内涵展开了广泛的研究。但他们的观点基本也是在态度忠诚和行为忠诚两者之间产生争议。态度学派的学者认为，品牌忠诚指的是消费者对于特定品牌的情感程度，并主张用品牌转换的意愿程度来测量品牌忠诚。而行为忠诚学派则认为品牌忠诚是消费者对于特定品牌长时间的重复购买和偏好。重复购买某品牌的频率或者只将某特定品牌作为唯一选择的程度是测量品牌忠诚的方式。但更多的学者还是采取折中的考虑。计建和陈小平（1999）的研究就是综合考虑了态度忠诚和行为忠诚，他们认为品牌忠诚中的行为忠诚指的是消费者在一段时间内对于某特定品牌的重复购买行为，而在态度忠诚方面他们的定义只聚焦在情感，因此只命名为情感忠诚，指的是消费者自身价值观以及生活观念与品牌传递的价值观、个性的吻合程度，这种吻合程度使得消费者对品牌产生一定程度的感情，表现出重复购买的欲望。其他研究也有聚焦在消费者在品牌忠诚方面表现的形式。他们认为，重复购买、对于特定品牌购买的情感欲望以及行为情感是品牌忠诚的三种表现形式，且最终作用在消费者的钱包份额上。赵定涛等（2004）对品牌忠诚的定义则聚焦在品牌忠诚产生的前因后果，他们认为品牌忠诚是某特定品牌的产品和服务的质量、价格因素使得消费者对该品牌产生的情感依赖，最终表现为偏向性的行为反应。具体定义如表2-2所示。

  总体来说，虽然品牌忠诚只是顾客忠诚研究中的一个分支，但国内外学者对品牌忠诚的内涵进行了广泛和深入的研究。基本而言，学者对于品牌忠诚的界定都基于Jacoby和Kyner（1973）提出的应当基于行为和态度两个视角进行展开。行为忠诚学派的学者基本认为品牌忠诚指的是消费者对于特定品牌的重复购买行为；而态度忠诚的学者基本认为品牌忠诚是消费者对于特定品牌的情感意愿和深度承诺。也有不少学者从折中的角度将两个学派的观点进行了综合，然后对品牌忠诚的内涵进行了界定。

表 2-2 相关学者对于品牌忠诚的定义

学者	年份	定义
Jacoby	1971	品牌忠诚指的是消费者对于品牌的一种非随机反应，这种反应较为稳定，能长时间存在，表现为决策者在多个品牌范围内对于某品牌的承诺
Dick 和 Basu	1994	品牌忠诚的界定为消费者对于特定品牌重复购买的长期承诺，具体表现为友好态度和重复惠顾
Gremler 和 Brown	1996	品牌忠诚是消费者重复购买特定品牌行为的程度以及对其所持的积极态度
Zeithaml 等	1996	品牌忠诚是消费者展示的一系列希望与品牌保持关系的企图行为，如持续购买、积极口碑传播以及分配较高的钱包份额
Olver	1999	品牌忠诚是即便存在其他商家的营销努力让其进行品牌转移的行为，消费者仍然在未来某一短时间内重复购买或者再惠顾某一特定品牌或者品牌大类的产品，以及服务的行为或者展现出来的深度承诺
计健和陈小平	1999	品牌忠诚分为行为忠诚和情感忠诚，行为忠诚指的是消费者在一段时间内对于某特定品牌的重复购买行为；情感忠诚指的是消费者自身价值观，以及生活观念与品牌传递的价值观、个性的吻合程度，这种吻合程度使得消费者对品牌产生一定程度的感情，表现出重复购买的欲望
赵定涛等	2004	品牌忠诚是某特定品牌的产品和服务的质量、价格因素使得消费者对该品牌产生的情感依赖，最终表现为偏向性的行为反应

注：笔者根据相关文献整理。

（二）品牌忠诚的分类

以往的学者们也对品牌忠诚的类型进行了广泛而深入的研究。最开始的品牌忠诚的研究是直接沿用顾客忠诚的类型研究。如 Brown（1952）的研究就直接将顾客忠诚分为四类：包括未背叛的顾客忠诚、背叛的顾客忠诚、不稳定的顾客忠诚和没有顾客忠诚。具体而言，未背叛的顾客忠诚指的是顾客持续对某特定产品的购买；背叛的顾客忠诚指的是消费者在持续购买的后期放弃了对该产品的持续购买；不稳定的顾客忠诚指的是消费者在购买决策中表现出来的犹豫不决和飘忽不定；没有顾客忠诚指的是消费者对于该产品并没有采取购买行为。这种分类也完全被沿用到品牌忠诚的分类之中，属于行为忠诚学派的分类。而 Jacoby 和 Kyner（1973）则针对行为忠诚的漏洞提出了新的分类，分为真实忠诚和虚假忠诚，并指出造成虚假忠诚的原因很可能是产品和服务供给的有限性导致了无奈的持续购买。Dick 和 Basu（1994）也参照 Brown（1952）的做法，基于忠诚的程度对品牌忠诚进行了分类，他们认为品牌忠诚可分为真实忠诚、潜在忠诚、虚假忠诚和不忠诚四类。他们和 Brown 的差异在于他们是基于态度忠诚和行为忠诚两个维度来进行程度分类的。当消费者态度忠诚和行为忠诚都低的时候，将其命名为不忠诚；当消费者态度忠诚低，而行为忠诚高时，将其命名为虚假忠诚；当消费者态度忠诚高但行为忠诚低时，将其命名为潜在忠诚；而当消费者态度忠诚和行为忠诚都高的时候，将其命名为真实忠诚。Jones 和 Sasser（1995）聚焦于顾客满意未必代表品牌忠诚这一原则，从顾客满意和忠诚程度两个维度对品牌忠诚进行了划分。他们认为，当消费者忠诚程度高且满意程度也高时，将其命名为传道者；当消费者忠诚程度低但满意程度高时，将其命名为唯利是图者；当消费者忠诚程度高但满意程度低时，将其命名为人质顾客；当消费者忠诚程度低且满意程度也低时，将其命名为背叛者。Shimp（1997）则倾向于从量化指标对品牌忠诚进行分类，他认为当消费者具有超过 50% 的概率购买某特定品牌时叫做高度忠诚；当消费者具有 10%～50% 的概率购买某特定品牌时叫做中度忠诚；当消费者具有 0～10% 的概率购买某特定品牌时叫做低度忠诚；Sindell（1998）的分类则更加广泛，他将品牌忠诚分为七类：垄断忠诚、惰性忠诚、潜在忠诚、方便忠诚、价格忠诚、激励忠诚和超值忠诚。其中，垄断忠诚指的是由于市场的供应商有限，导致消费者别无选择，只能出现高重复购买频次，但对品牌低依恋的行为；惰性忠诚指的是消费者自身因为惰性不愿意寻找其他品牌商而出现的高重复购买频次和低品牌依恋的行为；潜在忠诚指的是消费者希望持续不断购买某品牌产品，但因为公司现实限制了其购买行为；方便忠诚指的是消费者基于方便而进行的高重复频次的购买行为但表现出较低的品牌依恋行为；价格忠诚指的是消费者之所以选择某特定品牌，是因为该品牌持续提供最低价格的产品，所以表现出重复购买行为，但顾客仍然表现出低品牌依恋行为；激励忠诚指的是消费者之所以对某特定品牌产生高频次的重复购买行为是因为企业的激励行为；超值忠诚指的是消费者对于该特定品牌有很高的态度忠诚和行为忠诚。Gremler 和 Brown（1996）则将品牌忠诚分为情感忠诚、意向忠诚和行为忠诚。行为忠诚指的是消费者对某特定品牌表现出来的重复购买行为；意向忠诚指的是消费者对某特定品牌在未来一段时间购买的可能性；而情感忠诚指的是消费者对某特定品牌持有的积极态度。

综上所述，学者们基于品牌忠诚的分类进行了深入的研究，但基本是从忠诚的强弱程度进行了划分。因为品牌忠诚的内涵研究基本从行为视角和态度视角来展开，因此，在品牌忠诚分类的研究中也体现了这个特点，行为视角和态度视角成为进行品牌忠诚类型划分的主要参照维度。这种分类方式有利于企业来识别何为真实忠诚，何为虚假忠诚。对营销者来说，对于不同类型的忠诚顾客，应当采取不同的营销策略来应对。

（三）品牌忠诚的形成

品牌忠诚行为是如何形成的？学界最早认为，满意必然带来品牌忠诚行为。但无数的营销实践和研究表明，仅仅顾客满意是远远不够的，因此，品牌忠诚行为的形成是一个需要系统研究的过程。

要了解品牌忠诚行为形成的过程,首先得了解它建立在什么背景下。以往研究表明,品牌忠诚是建立在品牌关系的基础上。品牌关系是消费者与品牌之间在态度层面的互动。但是,品牌关系不仅仅涉及消费者与品牌,还需要将消费者与消费者之间、品牌与品牌之间的互动纳入考虑的模型。Fournier 等(2000)对品牌关系的研究为理解消费者—品牌关系提供了深入的见解,他们认为消费者与品牌之间的互动十分重要,并且品牌关系有助于企业规避负面报道等的不利影响。具体而言,当消费者在现实生活中不可避免地要与一个或者多个品牌进行互动,在这些互动过程中与品牌形成一种关系,而品牌忠诚就是关系好的一种表现。而品牌忠诚行为具体是怎样形成的呢?Oliver(1997)在他的研究中系统地阐述了这一问题。他认为,个体对品牌完全的忠诚要经历四个阶段。第一阶段是认知忠诚,在消费者与品牌的交互过程中,他们对品牌诸如价格、功能等信息的忠诚;第二阶段是情感忠诚,表现为交互过程中消费者对品牌的喜爱;第三阶段是意向忠诚,表现为消费者对品牌的承诺;第四阶段为行为忠诚,表现为消费者对品牌在行为上的惯性,即便要克服相应的障碍。但 Oliver 的观点并未完全得到其他学者的认同。尤其在行为忠诚是否为品牌忠诚最高阶段上,学者们对此存在争议。很多学者认为态度忠诚可能比行为忠诚有更高的境界(黄劲松等,2004)。例如,Bennett(2004)的研究只强调品牌忠诚中态度上的偏爱和承诺。而这种态度上的承诺会让消费者对企业是否有能力在未来满足他们的需求有足够的信心,会产生比行为忠诚更高层次的依赖,认为该品牌能够比竞争对手提供更高的价值,并且还能表现出对产品质量的宽容。也有学者认为品牌忠诚形成过程的最终阶段是可持续忠诚,即态度忠诚和行为忠诚的综合,消费者不仅仅在行为上保持一致性,在长期上也对品牌有一个稳定的承诺,这也是企业追求的最终目标。

(四)品牌忠诚对于企业的意义

品牌忠诚行为对于企业的作用是不言而喻的。首先是市场份额的增加。行为忠诚学派的研究从微观层面表现了忠诚带来的市场份额的增加（Jacoby，1971），因为行为忠诚流派认为消费者会对该品牌有重复购买行为，并受情境的影响很小，从而增加市场份额。当然，这种增加是有限度的，Oliver（1997）就明确指出只有当目标市场的容量足够大或者其他细分市场的消费者（例如重度使用消费者）并不会因为受到营销战略而疏远企业时，这两种情况才成立。其次品牌忠诚行为会使企业在成本方面受益。维持忠诚的老顾客的成本比开发新顾客的成本要低得多，除此之外，越忠诚的消费者越愿意为该品牌支付溢价，顾客忠诚度因而可以提高企业利润。如此一来，企业相对价格提高，也可视为成本收益的一种表现。

二、品牌忠诚的相关理论

品牌忠诚的具体形成过程基于不少营销学相关理论。本部分将对最直接相关的品牌转换成本理论、顾客感知价值理论和顾客满意理论进行系统的梳理。

（一）品牌转换成本理论

品牌忠诚实际上是品牌转换成本较高的一种表现。Porter（1980）最早提出转换成本的概念，他认为转换成本是消费者将某个产品的提供商转移到另一个产品提供商的一次性交易成本。此外，消费决策中的品牌转换成本还包括心理因素和风险因素，因而品牌转换成本包括心理、物质和经济方面的成本，心理层面涉及情感转移的成本，物质经济方面则主要表现在原有品牌给予的利益失去和使用便利性的丧失。Klemperer（1987）认为，品牌转换成本是限制消费者在不同品牌之间随意转换的成本，为消费者在实际转换过程中发生的成本或者感知的成本。这些成本主要包括交易成本、契约成本和学习成本。类似地，也可将品牌转换成本分为六个维度：风险成本、机会成本、沉没成本、组织成本、转换前搜索与评估成本、转换后认知和行为成本。基于不同的标准，品牌转换成本分为三个维度：关系转换成本、程序转换成本和财务转换成本。总体来说，品牌转换成本是品牌忠诚衡量的重要标准，以往研究考察了消费者在进行品牌转换时主要会考虑哪些方面的成本。当转换成本较高时，消费者会保持较高的品牌忠诚行为。

（二）顾客感知价值理论

如果说品牌忠诚实际上是品牌转换成本较高的一种表现，那么它同时也是顾客感知价值高的一种表现。关于顾客感知价值，部分学者提出一维论观点，即顾客感知价值，即感知利得。但更多的学者倾向于二维论观点，即感知利得和感知付出。Porter（1985）就指出，顾客感知价值是消费者感知产品的功能与成本权衡的结果，而顾客感知价值是消费者感知产品的利益与感知付出的成本之差。此后，还有相当多的学者围绕感知利得和感知付出之间的权衡对顾客感知价值进行了界定。那么，什么因素导致了顾客感知价值呢？早期的研究大多认为是产品质量和相对价格导致了顾客感知价值，此外如前文所述，消费者品牌关系也是驱动顾客感知价值的主要方式。Parasuraman（1997）在前人的基础上增加了服务质量，并且认为这是企业很难模仿的因素。顾客感知价值与品牌忠诚存在着天然的联系，顾客感知价值能够直接影响顾客的重复购买意愿，而顾客重复购买意愿正是品牌忠诚的测量方式之一。

（三）顾客满意理论

顾客满意理论历来和品牌忠诚紧密联系在一起。初期的研究认为，顾客满意必定带来忠诚，但后来学者们提出了普遍的质疑（Jones & Sasser，1995；Oliver，1997）。因此，将顾客满意理论进行梳理，并强调它与品牌忠诚的差异性就显得尤为重要。顾客满意理论曾经是营销界研究的主流。Cardozo（1965）提出此概念后，引发了学者们的重点关注。但关于顾客满意的界定存在很多视角，有的视角认为顾客满意是某次特定交易带来的，如Oliver（1997）认为顾客满意是基于某一次特定产品或者服务的交易而产生的情感反应。但也有的视角认为顾客满意是多次交易以后累积而来的，如顾客满意是消费者对于某产品或者服务以往所有的购买体验经验以后的一种综合性评价。也有的学者认为顾客满意应该区分里面的认知和情感成分，因此又有两类视角。认知视角的理论认为顾客满意是将购买前对于产品或者服务的期望与购买后的感受进行对比，若大于等于购买前的期望则会产生顾客满意；情感视角学者如 Woodruff 等（1983）就指出，顾客满意是在某些特定的购买情境下，消费者对于某产品或者服务所提供的价值的一种情绪性的反应。

而顾客满意是如何形成的呢？Oliver（1980）提出的模型是被当前学术界认同最多的模型。他的研究认为，顾客满意的形成有四个阶段：在第一阶段，顾客会根据能够搜寻到的各类线索对产品或服务形成预期；在第二阶段，消费者将会对产品或者服务亲身消费和体验，并根据消费体验的实际获得形成对该产品或者服务的主观认识；在第三阶段，消费者会将第二阶段获得的主观认识与第一阶段形成的预期进行比较，然后获得比较的差距；在第四阶段，将预期和实际体验进行比较，若实际体验的获得超过了之前的预期，顾客将会满意。Oliver（1980）的结论应用到了服务营销领域并取得了良好的效果。Woodruff 等（1983）则从顾客价值的视角重新界定了顾客满意形成的过程。他们的研究前提是消费者的需求是具有层次的，因此，在判定顾客满意形成的过程中需要基于需求的层次。在他们的模型中，消费者对产品或服务的需求划分了三个层次：第一个层次也是最底端的层次，在这个层次里，消费者的期望是产品的基本属性和功能表现，这个层次也被命名为基于属性的满意；第二个层次消费者的期望是使用结果的表现，这个层次也被命名为基于结果的满意；第三个层次消费者的期望是消费者的目的和意图是否能实现，这个层次也被命名为基于目标的满意。在他的模型中，首先会产生顾客期望价值，包括目标、属性和结果三类；其次是关于结果和关于属性都会产生感知价值和比较标准，衡量之后得出结果不一致和属性不一致的地方；最后得出总体顾客满意水平。Jones 和

Sasser（1995）的研究则从价值视角对顾客满意进行了进一步的深化研究。他们将顾客满意简化为顾客对产品或服务的消费经历产生的一种类似喜悦的心理状态，而这种需要满足产生的喜悦本质是一种价值的表现。

总体来说，顾客满意研究的基本观点都是将顾客在消费体验中的感知所得与购买前形成的预期进行比较，这个差距决定了顾客最后满意与否。有的学者认为比较可能取决于不同的需求层次，将各类满意进行综合考量形成一个总体满意水平。但值得一提的是，顾客满意并不会带来品牌忠诚，也不等同于品牌忠诚。品牌忠诚强调情感上的深度承诺和行为上的持续高频率。而顾客满意仅仅是感知所得和希望的对比所得，对比的结果可能会带来品牌忠诚，属于品牌忠诚的前因变量。但决定品牌忠诚的影响因素也绝不止顾客满意而已。

三、品牌忠诚的影响因素

品牌忠诚行为会受到哪些因素影响呢？结合以往文献，本书从消费者、企业以及营销情境三个方面来整合品牌忠诚行为的影响因素。

（一）消费者层面

以往研究在消费者层面对品牌忠诚行为的影响因素首先关注的是人口统计变量。年龄是学者们关注最多的人口统计变量，以往研究大多表明，年龄越大的消费者越不倾向于改变，越不希望去冒险，因此，年龄与品牌忠诚行为呈正相关的关系。Alsop（1989）的实证研究发现，消费者的年龄与其品牌忠诚行为呈正相关关系，即越是年长者其忠诚度越高，这可能是源于他们随时间累积形成的品牌偏好，同时转换成本也是其中重要的影响因素之一。而 Weber 和 Hansen（1972）关于品牌转换行为的研究则从另一个角度验证了这一结论，他们发现品牌转换行为与年龄呈负相关关系。可以说，年龄越大，消费者越容易对某一品牌形成习惯。性别同样也引起了学者们的关注，Ingrassia 和 Patterson（1989）的研究就表明性别对于消费者的品牌忠诚行为有着显著的影响，具体来说，研究发现女性比男性要更忠诚。受教育程度也被学者们发现会显著影响品牌忠诚行为，因为低教育程度的消费者缺乏对有效信息的辨别程度，而此时品牌忠诚的行为成为规避风险的良好策略。因此，教育程度反映的是个体更广泛的知识，而非仅仅是消费者知识或特定产品的知识，这些都对品牌忠诚度可能存在重要影响。另外，收入也是学者们关注的重要人口统计变量，一般来说，收入越高，越需要跟少数能体现自己地位的品牌保持紧密的关系。因此，消费者会对能够体现地位和身份的品牌保持足够的忠诚行为。Alsop（1989）就发现，收入越高，消费者对于某些能够体现身份地位的奢侈品品牌就越忠诚。Weber 和 Hansen（1972）同样从品牌转换的角度继续验证了这一观点，他们发现当消费者的社会经济地位越高时，消费者品牌转换的行为越低，即保持着较高的品牌忠诚行为。除了人口统计变量，消费者的一些感知变量也会对品牌忠诚产生影响，如消费者期望和消费者社会认同都会对品牌忠诚产生影响。国内学者邹德强等（2007）探讨了消费者对品牌感知到的功能性价值和象征性价值对品牌忠诚度的影响，分析了性别的差异。黄敏学等（2014）的研究就指出，消费者（投资者）的专业程度可能会影响品牌忠诚，具体而言，可以通过计算承诺负面影响品牌忠诚，也可以通过情感承诺正面影响品牌忠诚。黄敏学等（2015）的研究则从在线品牌社区的情境下考虑了消费者对品牌忠诚的影响，认为社区中消费者营造的体验成分以及消费者对于社区的认同均能提升消费者的品牌忠诚。

（二）企业层面

企业层面也是学者们对品牌忠诚行为影响因素关注的重点。主要集中在企业相关的品牌知名度和产品特性的影响。

以往研究表明，品牌知名度对品牌忠诚行为有着显著的正向影响。因为品牌知名度能够率先进入消费者考虑集，熟悉是消费者品牌忠诚行为的前提基础。Rossiter 和 Percy（1987）的研究就表明高品牌知名度会积极提高消费者的评价、为品牌忠诚做好准备，即品牌知名度提高了消费者对目标品牌的评价和购买意愿，进而对使用后的满意度产生影响，并且较高的品牌知名度会使消费者产生再次购买行为，从而形成品牌忠诚，并在以后的购买中将该品牌作为该品类产品优先购买的品牌。而 Aaker 和 Keller（1990）通过他们的调查发现，市场上那些被消费者推崇的忠诚品牌大多数是知名度高的品牌。

企业层面另一个比较重要的影响因素就是产品特性因素，因为产品是形成品牌忠诚的基础。具体来说，学者主要探讨的是产品的感知质量对品牌忠诚行为的影响。Garvin（1987）就指出，感知质量是消费者对产品总体层面的一个优越性的判断。它虽然以客观质量为基础，但并不等同于产品的客观质量。它仅仅是消费者主观层面的判断，如感知价值、服务质量均会正向影响品牌忠诚。Blut 等（2014）的研究也同样发现了服务的特性以及相应的转换成本对品牌忠诚的显著影响。国内相关研究在不同行业检验了服务质量和品牌忠诚度之间的关系，发现百货商店、教育行业的服务质量都会明显提高品牌忠诚度。学者们大多认为感知质量是通过顾客满意的途径影响到品牌忠诚，并在不同情境下得到了验证（范秀成和杜建刚，2006；徐茵等，2013）。此外，消费者满意度和品牌忠诚之间的关系也并不一定是线性的，可能呈现 S 形曲线（邹德强等，2007）。另外，企业设计的产品的转换成本也会显著影响品牌忠诚，李先国和段祥昆（2011）的基于移动通信行业的数据发现，产品的转换成本对于品牌忠诚的影响甚至要大于顾客满意对品牌忠诚的影响。

（三）营销情境层面

在营销情境里面，有各种各样的情境变量同样也会影响到消费者的品牌忠诚行为。首先是竞争对手的数量。Exter（1986）的研究表明，在营销情境中，若同类产品的竞争对手较少，消费者品牌忠诚行为更强；反之，消费者品牌忠诚行为较弱。其次是随着营销情境里 4P 的广泛使用，一些营销组合对品牌忠诚行为的作用也引起了学者们的关注，例如广告就是引发品牌忠诚行为的一个非常重要的外部线索。Archibald等（1983）的研究表明高广告投入意味着高质量，从而带来更高的忠诚，因为消费者往往推测经常做广告的公司其消费目标人群更大，企业资本实力更强，因而产品更优秀，消费者因此更加忠诚。他们同时探讨指出高质量的公共关系不能直接提高品牌忠诚行为，但是可以间接理顺企业内部的关系，从而带来更高的品牌忠诚行为。于春玲和赵平（2003）探讨了企业的顾客忠诚奖励计划对品牌忠诚度的影响，提出了企业忠诚度奖励计划的策略和注意事项。马宝龙等（2006）实证检验了顾客忠诚计划的感知价值对品牌忠诚的影响，李纯青（2007）对此进行了相关的探讨检验。王强和陈荣（2009）进一步检验了顾客忠诚奖励计划的积分有奖促销策略对消费者重复购买意愿和推荐意愿的影响。

四、消费者知识与品牌忠诚

消费者知识与品牌忠诚之间的关系是本书重点研究的问题。以往学界对消费者知识与品牌忠诚之间的关系的直接探索并不多见，但还是进行了一些相关的研究，且研究结论出现了不一致的情况。

一些学者认为消费者知识与品牌忠诚是负相关关系。选择集的信息处理理论表明，消费者关于选择集和决策相关属性的知识会显著影响他们对选项的评估，从而影响他们对选项的忠诚程度（即是否放弃当前选项，而选择选择集中的其他选项）（Bettman，1979）。随后学者们对于其中间的机制进行了探索。Kivetz和Simonson（2000）的研究指出，消费者很多时候是在信息不足的情况下进行决策的。消费者知识越多，就越不倾向于搜索信息，此时就会出现消费者对某些选项属性信息缺失的情况。在这种情况下，消费者可能会对缺失信息进行推断。但大多研究表明，此类推断会导致负面评价从而影响品牌忠诚

（Johnson & Levin，1985）。Simmons 和 Lynch（1991）就明确指出，消费者经常习惯性地对缺失属性信息赋予负面取值，并且，知识越多导致的相关外部搜索工作越薄弱，对于缺失信息赋予负面取值的可能性就越大。即消费者知识越多，消费者对当前选项的忠诚程度越低。Capraro 等（2003）则更进一步对消费者知识和品牌忠诚的关系进行了阐释，他们发现，消费者知识对品牌忠诚的关系得分两类看，客观知识对于品牌忠诚主要是通过抑制与决策相关属性的搜索来降低忠诚的，它的机制同样也是消费者对缺失信息倾向赋予负值。而主观知识对品牌忠诚虽然也是负向影响，但主观知识是因为提高了对其他竞争品牌选项的有效评估从而降低了品牌忠诚。

另外，还有一些学者认为消费者知识和品牌忠诚是呈正相关关系的。Ratchford（2001）对于家用品牌的研究发现，消费者对某品牌的知识就像投资的人力资本，以后使用该品牌产品相对竞争品牌会更有效率，品牌转换成本也会变得越高，从而导致更高的品牌忠诚。Park 和 Lessig（1981）的研究表明，消费者知识越多，使得消费者在属性区分上的能力越强，更容易在不同属性间进行权衡，从而带来更高的决策满意甚至品牌忠诚。Swaminathan（2003）基于 Park 和 Lessig（1981）的研究基础在第三方推荐代理的研究中，也发现了消费者知识与品牌忠诚之间的正向关系。

由此可知，消费者知识与品牌忠诚之间的关系在以往研究中出现了不一致的结论。在以往研究中，消费者知识既可以成为其进行外部搜索行为的阻碍，使其在面对不确定性高的属性信息的时候更倾向于做负面推断，也可以将消费者知识作为人力资本的一项投资带来对当前品牌更高的满意度和忠诚度。即消费者如何看待自己拥有的知识存在一定的选择性。本研究有理由相信，消费者知识对购买决策过程不是一个简单的线性影响。为了更加清晰地探明消费者知识与品牌忠诚之间可能的作用机制，下一部分将对消费者知识与购买决策过程做一个系统的梳理。

五、消费者知识与购买决策过程

长久以来，消费者知识就被认为是信息处理领域和购买决策领域的重要构念之一（Bettman & Park，1980；Brucks，1985；Johnson & Russo，1984；Sujan，1985）。因此，消费者知识与购买决策过程是紧密相连的。学界首先探讨的是消费者知识类型与购买决策过程的关系。Brucks（1985）就曾针对不同类型的知识与信息处理以及购买决策过程的作用做过阐述。主观知识在记忆和问题解决方面发挥了重要的作用，一定程度上它可以体现消费者在决策过程中的自信程度，而客观知识主要是存在于消费者长期记忆中，针对消费者关于产品属性事实的一个掌握程度，在购买决策中更多的只是起到依据的作用（Johnson & Russo，1984）。相比客观知识，主观知识对于购买决策的作用要更大，它代表了购买决策过程中更重要的动机。Gregan – Paxton（2001）则将消费者的知识分为特殊知识和抽象知识，并发现它们在购买决策过程中发挥了不同的影响。除了知识类型导致购买决策处理的差异之外，学者们还探讨了消费者知识对产品属性处理的差异。Park 和 Lessig（1981）以及 Rao 和 Monroe（1988）的研究都表明，消费者知识对购买决策的影响体现在对购买决策过程中属性的偏好上。具体而言，知识使得消费者更偏好外部属性（如价格、购买保障），而对于内部属性（绩效相关的属性）并不是那么关注。此外，消费者知识数量的多少对购买决策过程的影响也是学者们关注的重点。相当多的学者的研究表明，知识丰富的消费者与知识匮乏的消费者在认知结构、行为策略以及其他购买决策相关的变量上会表现出明显的差异（Anderson 等，1979；Moore & Lehmann，1980；Bettman & Park，1980）。Anderson 等（1979）的研究就发现，知识水平高的消费者在购买决策过程中会更加自信，对于相关信息的处理也有更高的效率，但信息搜索总量会低于知识水平匮乏的消费者。而 Johnson 和

Russo（1984）则更加聚焦于具体的知识水平高低，他认为产品属性知识存量的高低会影响消费者对问题的敏感性，且对新信息的搜索量会更高，即知识水平与新信息的搜索量呈正相关关系。当消费者知识水平较高时，其在购买决策过程中倾向于自我判断，而知识水平较低的消费者在购买决策过程中更倾向相信他人的推荐。然而 Rao 和 Monroe（1988）的研究认为，消费者知识水平的高低对购买决策过程的影响并不是线性的。他们的研究发现，适中知识水平的消费者倾向于在购买决策过程中用价格来推断产品质量，但较高或者较低知识水平的消费者在购买决策过程中则无这种倾向。Haistead 等（1994）的研究表明消费者的知识水平与购买决策过程中的期望水平有很强的相关关系，消费者知识来源的复杂性对决策形成的满意程度存在重要影响。

由以上内容梳理可知，消费者知识在购买决策过程中作用各异，这不仅取决于知识的类型、知识量的多少，还取决于知识对属性的不同偏好。但事实上，无论是知识类型、数量在购买决策过程中的差异作用还是知识对属性的不同偏好，均不能解释消费者知识与品牌忠诚的作用机制。因此，本书还需要对购买决策过程进行细化处理。消费者知识本质上在购买过程中发挥着信息处理的作用，要涉及信息搜索过程。因此，下一部分将重点梳理信息搜索以及消费者知识与信息搜索之间的关系，以考察消费者知识与品牌忠诚作用机制的可能性。

六、消费者信息搜索行为

（一）消费者信息搜索

消费者信息搜索历来是消费者行为领域的研究重点。一般认为，信息搜索属于购买决策五个过程之一，对于消费者最终的决策结果至关重要。Schmidt 和 Spreng（1996）就指出，消费者信息搜索是指消费者在做购买决策之前从内部和外部各种来源中积极获得并整合信息的行为。而针对信息搜索过程，DeSarbo 和 Choi（1999）就认为消费者的信息搜索应分为两个阶段，分别为外部信息搜索阶段和内部信息搜索阶段。外部信息搜索指的是从广告、电视、报纸以及网络等信息媒介（自身记忆以外的信息源）获得信息；内部信息搜索指的是从自身记忆里去搜索对于决策有用的信息。对于外部信息搜索和内部信息搜索的关系，DeSarbo 和 Choi（1999）认为消费者会优先选择内部信息搜索，当自身记忆不足以完成决策任务时便会借助外部信息搜索。此外，学者们还关注了消费者在信息搜索行为上表现出来的差异。Huang 等（2009）就发现，当消费者分别面临搜索品和体验品时，他们在随后的搜索行为上会存在差异，具体而言，消费者对搜索品的搜索广度要大于体验品，而对体验品的搜索深度要大于搜索品。

（二）信息搜索的相关研究

对信息搜索相关理论的探讨主要有两个方向：经济学方向、心理学及行为学方向。

1. 经济学方向

这一学派的观点主要认为消费者通过信息搜索获得购买决策利益最大化。具体而言，这一学派的结论是当消费者在信息搜索过程中花费的成本与其在信息搜索过程中获得的收益相等时，他们会停止信息搜索行为。相关研究首先认为在数学上定义消费者信息搜索的成本是可能的，并将其定义为与决策难度相关的潜在函数。而 Moorthy 等（1997）则在其基础上再考虑了先前品牌认知也会影响信息搜索成本。而随着互联网经济的深入，信息搜索研究呈现出新的特征，首先是信息搜索成本的大幅下降。Alba 和 Hutchinson（1987）认为，互联网信息搜索成本的下降使消费者在搜索过程中对价格的敏感性也会增加。但也有学者提出了相反的结论，Lynch 和 Ariely（2000）在红酒销售的研究中发现在互联网提供了更多质量信息以后，消费者在信息搜索过程中对价格的敏感性却降低了。

总体来说，经济学方向对信息搜索的研究是基于理性人假设的，通过定义消费者在信息搜索过程中的成本和收益，找到消费者停止信息搜索的临界点。但这个学派忽视了消费者的非理性因素。因此，心理学和行为学方向也成为学者们感兴趣的领域。

2. 心理学及行为学方向

行为学的研究主要集中在消费者个体在不同情境下如何做决策的问题，对个体属性的差异并未考虑，而心理学弥补了这一点，心理学对消费者在购买决策前和过程中的心理状态变量，考虑了感知风险和个人经验等个体因素。这个方向最为经典的研究当属 Bettman（1979）提出的消费者在购买情境下的信息处理模型。他的贡献主要是找到了影响消费者信息搜索的因素，并将其分为两类：内部因素和外部因素。内部因素主要包括消费者信息处理的动机、能力、学习、评估以及关注程度等；而外部因素包括周围环境的影响，如家人、朋友，可用于决策的时间等。但这个模型也被后来的学者质疑过于关注过程。并且模型内部的一些概念是否存在联系还处于未知状态。Lansky 和 Wilson（1981）也提出了一个广受学者们关注的信息搜索模型。他们的模型更加全面，考虑了搜索前的信息需求内容、阻碍和信息搜索行为三个部分。其中，信息需求内容包括环境、社会任务、个人心理、情感以及认知水平等；阻碍包括个人的阻碍、与任务相关的阻碍，以及环境的阻碍；信息搜索行为包括开始搜索、找到线索、浏览、区分、监控、提炼信息、检验以及搜索结束。

总的来说，心理学和行为学方向弥补了经济学对消费者理性人假设的缺陷，考虑了消费者在不同情境下的差异，以及具体信息处理的心理过程。但由于研究的过程较为主观，一些概念的联系还缺乏严格的验证，未来研究还有许多值得进一步探索的方向。

七、消费者知识与信息搜索

以往有很多研究直接探讨过消费者知识和信息搜索之间的关系,但没有获得一致的结论。倒 U 型关系是获得支持最多的结论(Moorthy 等,1997)。Bettman 和 Park(1980)最早就提出消费者知识和信息搜索之间呈倒 U 型关系。他们的研究认为,对于高知识程度和低知识程度的消费者来说,他们会更依赖自己以往的知识和经验,缺乏相应的外部搜索行为。而对于中度知识程度的消费者来说,他们更依赖外部的信息搜索。但有些学者认为,尽管很多情况是消费者知识与信息搜索呈倒 U 型关系,但在某些情境下,消费者知识与信息搜索呈正相关关系。Johnson 和 Russo(1984)的研究则在 Bettman 和 Park(1980)的基础上进行了细化,他们认为,要考察消费者知识与信息搜索行为还需要考察他们采用的决策策略,当消费者的判断任务仅仅是评估选项而不是做出选择决策的时候,他们认为知识越多的消费者,越倾向于在信息编码和解码过程中表现得更积极。即现有的知识越多,越会鼓励消费者进行更多的外部信息搜索行为。这样就使得消费者知识与信息搜索行为呈现单调递增正相关关系而非倒 U 型关系。而消费者在购买决策时,消费者知识与信息搜索行为的关系则与 Bettman 和 Park(1980)的研究结论一致,即呈倒 U 型关系。Punj 和 Staelin(1983)的研究则从另一个角度进行区分,他们认为要考察消费者知识与信息搜索的关系,应该根据消费者知识在信息搜索过程中扮演的角色进行区分。他们的研究指出,知识可分为以往可用的信息(Usable Prior Information)和以往的记忆结构(Prior Memory Structure),其中以往可用的信息与以往研究结论一致,即知识与信息搜索呈倒 U 型关系。但以往的记忆结构信息更多代表的是购买决策过程和产品类别中的一般信息,这类信息的优点在于能够使消费者掌握新信息并降低知识的难度,因此会促进外部信息的搜索行为。即此类知识与搜索行为呈正相关关系。但还有少数学者的研究对消费者知识与搜索行为之间的关系持其他结论。如有些学者们甚至发现了知识与搜索行为呈负相关关系（Newman & Staelin，1972），还有的学者甚至宣称，消费者知识与搜索行为并没有相关关系（Jacoby，1971）。

由上可知，虽然绝大多数研究支持消费者知识与信息搜索之间呈倒 U 型关系，但还是有一些不一致的研究结论。这些不一致的结论表明，在消费者知识与信息搜索过程当中可能还存在很多未挖掘的调节变量。

八、消费者学习

无论是在消费者知识的形成过程中还是消费者知识在信息搜索过程中都不可避免存在学习的作用，因此消费者学习中的一些特征成为本书首先考虑的可能的调节变量。因此，本部分对消费者学习进行简单的梳理。

（一）消费者学习

正如德尔所说，学习是消费者不可回避的重要环节，我们常见的消费行为几乎都是后天习得的。学习在以往的研究中分为两个流派：第一个流派是经验主义学派。这个学派认为，学习是个体在环境中的被动行为改变，主动方在于环境条件的支配。第二个流派是理性学派。这个学派的主要观点是学习是行为主义的联结。理性学派有三个基础理论，Pavlov 的经典反射理论、Thomdike 的试错理论和 Skinner 的可操作性条件作用理论。Hawkins（1999）对学习研究后指出，学习是指个体的长期记忆和行为在内容和结构上的变化。但学习并不完全是一个按照计划进行的过程，有相当一部分的学习是偶发并且是无意识的。从经验作为学习的一个要素可见一斑。

而具体在消费者情境，消费者学习有两大来源：实际经验和信息（Howard & Sheth，1969）。实际经验指的是消费者在过去对相同或者类似产品的购买实际情境信息。而信息指的是消费者面临的商业环境以及社会环境的信息。对于消费者学习，学者们首先关注的是消费者学习的手段。Clay 等（2003）的研究就表明，消费者在对体验品的购买过程中通过广告、与他人交谈的方式进行学习。此外，不同行业，信息媒介的影响可能是不同的，例如在旅游行业，电视广告内容、朋友建议、代理商的建议、海报是消费者学习的主要方式。而对于消费者学习的内容，学者们也展开了广泛的研究。消费者学习的重点是产品的特征属性信息。而 Li 等（2003）针对 3D 可视化广告的研究中就指出，消费者学习的内容主要集中在产品的视觉、触觉以及行为的相关体验方面。Clay 等（2003）的研究则将消费者学习的内容跳出了产品属性体验的框架，认为消费者学习的重点在于产品相关回报计划中的积分积累和积分回馈的规则。

另外，学习的过程也不是一成不变的，而是一个逐渐演化发展的过程。因此还需将学习分为不同的阶段来看待。Sheth 和 Mittal（2004）的研究就将消费者学习分为两个阶段：其一是机械记忆，其二是问题解决。机械记忆指的是消费者主动或被动获得的信息，如暴露在广告刺激下接触的信息。而第二阶段是在第一阶段之后，消费者需要根据记忆的信息主动进行的判断任务，是一种主动处理信息的行为。Van Waterschoot 等（2008）则从概念的视角来看待学习的阶段，他们认为学习经历的阶段是概念不断发展演化的阶段。包括概念形成阶段、概念获取阶段和概念使用阶段，首先，在概念形成的阶段，消费者获取信息形成标准；其次，在概念获取阶段，消费者根据标准来确定具体信息；最后是在概念使用阶段，消费者根据前两个阶段的基础来进一步了解具体购买选项信息。Frisou 和 Yildiz（2011）则从知识形成程度的视角将学习的阶段进行分类。他们认为，消费者的学习会经历两个阶段。首先是适应阶段，是对各类信息或知识逐渐熟悉的过程；其次是发展阶段，是对已有信息进行调整和使用的过程。Peter 和 Olson（2010）则认为学习是一个知识演进的过程，并不是一个简单累积的过程。他们认为，消费者在学习中首先是累积阶段，在这个过程中主要还是通过信息的接触给已有的知识结构添加新的知识。其次是调整阶段，强调新知识对旧知识的改造过程，而这个过程主要来自对新产品和服务的体验。最后是知识重建阶段，是前两个阶段的知识与旧知识进行融合的过程。

由上可知，消费者学习的内容呈现多元化，既可以是产品属性的信息，也可以是与购买相关的信息，如产品的积分回馈计划。并且学习是一个复杂的演化过程，在不同的阶段，对信息和知识的要求可能也不一样。

(二) 消费者学习与信息搜索行为

消费者学习常常会伴随着信息搜索行为，而这一过程历来被视为消费者黑箱。学者们大多认同的观点是，消费者学习会抑制信息搜索行为的发生。Maheswaran 等（1996）的研究表明，消费者学习对信息搜索的影响体现在对信息的反应偏好，从而影响了产品偏好。相关研究表明消费者学习增加以后，会抑制信息搜索的行为发生。但有的学者认为，还需要考虑产品的类别。其他相关研究指出，消费者针对某一类产品进行学习时，只会减少对这一类特定产品的信息搜索行为；因为相似的特征已经在之前的学习中掌握，这为后期的搜索行为节约了时间（Wu 等，2004）。

由上可知，一般来说，消费者前期的学习会抑制后期搜索行为的发生。因为学习减少了对已学习信息的搜索需求，但前期的学习不可能面面俱到，因此需要考虑后期是否有信息的搜索需求。前期的学习与后期新信息的搜索需求的关系并不大。

九、产品感知风险与信息搜索行为

在购买决策过程中，消费者对产品的感知风险是不可回避的问题。而在消费者知识、信息搜索过程中感知风险也都是非常重要的方面。因此，产品感知风险也是影响消费者知识与信息搜索行为可能的调节变量。在本部分，我们将简单梳理产品感知风险的相关文献。

(一) 感知风险

感知风险是与客观风险相对应的一个概念。Bauer（1960）从心理学的相关研究中延伸出感知风险的定义，他的研究认为感知风险是消费者在购买过程中感受到的产品的不确定性，以及有害的结果。而这种不确定与客观的风险及其大小是有区别的。他们还进一步指出，感知风险主要聚焦于两个购买行为的两个方面，一方面是对购买产品以后的预期结果是否正确，另一方面是这一结果是否会引起你的不愉快。相关学者从更加客观和技术的视角提出了感知风险的定义，具体是：人们对于可能有害的行为以及那些有潜在危险的技术的后果的一种判断和评估；而从发生概率的视角将感知风险分为两类，分别为风险可能发生的概率和行动发生后可能的后果。但是，感知风险的维度应该基于产品购买的整个过程进行综合考虑。因此，他提出了一个多维度的综合分类，具体包括消费者购买产品的最终结果及其评价，以及购买产品之后的心理状态和感受。但真正开始有足够影响力的分类源自 Roselius（1971）的研究，他从可能损失的视角将感知风险分为四类，分别是机会风险、心理风险、价值风险和时间风险。其研究的意义在于将风险和损失的来源进行了紧密的联系，之后经典的分类研究都是基于这个研究基础而拓展的，正是基于 Roselius（1971）的研究，Jacoby 和 Kyner（1973）提出了当前被学术界广泛认同的分类，也称五因素模型。他们认为，产品感知风险可分为关注产品功能的功能风险、消费产品过程产生的心理风险、产品价值相关的财务风险、产品使用过程中可能对消费者健康造成威胁的身体风险以及消费产品过程中带来的社会风险。随后 Peter 和 Tarpey（1975）的研究又在他们的基础上增加了第六项时间风险。这类分类的最大优点是可操作性很强，在之后的实证研究甚至实践中得到了广泛的应用。除此之外，还有一些视角的分类也同样值得关注。例如，Bettman（1973）

提出感知风险由固有风险和操作风险组成。这个分类是基于风险源头的视角。固有风险考虑的是总体的风险，而操作风险考虑的是特定产品在特定情境面临的风险。具体在消费者的选择过程中，首先得确定对某个产品类别的需求，此时考虑的是固有风险，然后在产品类别下选择具体产品和品牌时重点考虑的是操作风险。而在品牌忠诚行为情境下，消费者具有较高的固有风险，但操作风险很低。

由上可知，学界对于感知风险的研究内容逐渐丰富，而 Jacoby 和 Kyner（1973）提出的五因素模型也成了广泛认同的分类，基本涵盖了感知风险的所涉及范围，具有一定的普适性。

（二）产品感知风险

本书我们只聚焦在与产品相关的感知风险，即产品感知风险。虽然对于某一特定产品来说，风险会取决于消费者个人特质的差异性，但类似地，对于某一特定消费者来说，风险也取决于产品的差异性。Swaminathan（2003）的研究就指出，某类产品本质上就比另一些类产品的风险要大。比如，单位价格高的产品本质上就比单位价格低的产品财务风险更大，而餐馆的选择中，不同选项可能在社会风险上存在固有的差异。因此，本书将感知风险看成产品类别划分的一个视角。

（三）产品感知风险与信息搜索

以往的学者也考察了产品感知风险与信息搜索之间的关系，但较为零散。Bauer（1960）最早发现了产品风险与信息搜索之间可能存在某种关系。Dowling 和 Staelin（1994）的研究表明，从朋友中获得信息、试用知名品牌产品等这类影响信息搜索的行为都是消费者试图降低感知风险的方式，同时产品感知风险的不同使消费者在购买决策和信息搜索中表现出差异。具体而言，West 和 Broniarczyk（1998）的研究就发现，产品感知风险主要是通过影响消费者在信息搜索中的参照点来影响其行为的，当产品的感知风险高的时候，消费者在搜索时会对可接受的结果设置一个较高的门槛,此时会促进消费者的搜索行为。Dowling 和 Staelin (1994) 的研究结果本质上就是根据感知的产品风险而采取的相应的信息搜索行为。即感知风险决定了相应的策略,而这些策略决定了信息搜索行为。

第三节　信息推荐代理与购买决策

在互联网情境下,消费者知识、信息搜索都是消费者应对信息过载的困境、提取有效信息的重要话题,但这也衍生出一个新的变量:信息推荐代理。这是当前互联网为了解决信息过载困境采取的有效实践,为了回答本书的第三个研究问题"信息推荐代理对品牌忠诚的影响",在本部分我们对信息推荐代理与消费者购买决策之间的关系做了简单梳理。首先本书对信息推荐代理的定义、类型和遵循的基本模型进行了简单的综述,然后对信息推荐代理对购买决策过程和购买决策结果的影响进行了系统的梳理。

一、信息推荐代理

信息推荐代理(Information Recommendation Agent)是在为了减少信息搜索成本,提高消费者网络购物满意度的背景下推出来的。因为符合网络时代购物的潮流,逐渐引起了学者们的广泛关注(Häubl & Trifts, 2000; Lynch & Ariely, 2000)。信息推荐代理是一种个性化的计算机代理,它是基于 Web 的产品经纪人,根据在网络购物消费者的实时需求,推荐一些购买意见,换言之,信息推荐代理是嵌套在 Web 中的个性化产品推荐技术,它拥有客户知识,可以明确消费者的需求(Lynch & Ariely, 2000)。Shaffer 和 Zhang (2000) 的研究则明确了信息推荐代理能够带来的好处主要在两个方面：一是给消费者提供个性化意见，方便其决策；二是可以帮助公司收集关于消费者个性化需求和偏好等第一手信息，促进产品客户化，提高公司收入。Häubl 和 Trifts（2000）则从信息的角度认为信息推荐代理让消费者的互联网信息过载的问题大大缓解。而国内学者戴德宝等（2015）则从消费价值角度来解读信息推荐代理。他们认为消费者之所以会接受信息推荐代理，是因为其具有情感价值、功能价值、社交价值、认知价值和条件价值。

此外，学者们还对信息推荐代理的类型进行了探讨。有些推荐代理只是基于最重要的某个产品属性向消费者推荐他们最需求的产品，而另外一些推荐代理是根据同类消费者的数据，通过一些数据挖掘的算法推荐消费者可能偏好的产品（Xie & Shugan，2001）。国内相关的网站都采用了这些类别的信息推荐代理。我们以亚马逊网站为例，当你登录自己的账户进行购物时，会有一栏产品推荐，标题写着：猜您还喜欢。这种推荐就属于根据产品属性进行的推荐。另外可能还有一栏产品推荐，标题写着：购买此产品的顾客还购买。这种推荐就是根据同类顾客进行的推荐。这类推荐通过一些数据挖掘的算法推荐消费者可能偏好的产品，具体如表 2-3 所示。但 Swaminathan（2003）在他的研究中指出，在当前消费者行为领域的研究中涉及的信息推荐代理的运行机制，大多还是让消费者先明确表达针对某属性的偏好，然后再来确定最满足他们需要的产品。

表 2-3　信息推荐代理类型

分类	具体事例（以亚马逊网站为例）
基于产品属性的推荐代理	标题写着"猜您还喜欢"的产品推荐栏
基于同类顾客的推荐代理	标题写着"购买此产品的顾客还购买"的产品推荐栏

资料来源：笔者根据相关文献以及亚马逊的实例整理。

二、信息推荐代理与购买决策

(一)信息推荐代理与购买决策过程

随着信息推荐代理越来越被实践验证,学者们对于其与购买决策过程之间的关系也越来越感兴趣,其中学者们关注最多的是信息处理的视角。信息推荐代理本来就是为方便购买决策过程而诞生的,它的主要功能就是对信息进行过滤和筛选(Holzwarth 等,2006)。信息推荐代理之所以能够方便购买决策是因为它基于两阶段决策处理模型。Payne(1982)提出了两阶段决策处理的模型。他认为,为了在拥有海量信息的互联网情境下进行决策,消费者决策需要经历两个阶段。第一个阶段,消费者需要从海量的商品中考察详细信息,评估并选择出自己的考虑集,即可能会进行购买决策的产品集合。第二个阶段,将考虑集中的商品通过重要属性进行深层次的比较,最后选出某一个产品做出购买决策。而信息推荐代理正是力求优化这两阶段决策的努力来进行工作。Häubl 和 Trifts(2000)的研究指出,信息推荐代理显著减少了消费者对产品信息的搜索努力,还减少了考虑集选项的数量并提高了考虑集的质量,让消费者将各个选项进行深度比较成为了可能。即信息推荐代理能够对决策质量以及购买决策效率有显著的积极作用。Lynch 和 Ariely(2000)的研究则表明信息推荐代理会对消费者福利有积极作用,因为信息推荐代理会降低价格—质量信息的搜索成本,并且质量信息的搜索成本降低使得价格的敏感性也降低,综合起来增进了消费者福利。Lynch(2001)对于搜索代理的研究也可以给本书一些启示,他们发现搜索代理提高了预期效用和福利。Xiao 和 Benbasat(2007)的研究明确指出,信息推荐代理可以使得两阶段决策的努力显著减少,最终优化消费者的决策过程。那信息推荐代理是怎样优化两阶段决策努力的呢?在网络购物的时候,消费者的努力通常用产品搜寻范围和决策时间来衡量。信息推荐代理拥有消费者的偏好参数,而这一参数可以将产品的搜寻工作以及筛选工作大大优化,并且可以对消费者的偏好进行匹配,使得消费者的决策时间大大缩短,因此,较大程度地减少了两阶段决策的努力。此后,又有不少学者从不同角度验证了信息推荐代理对两阶段决策努力的优化。Dellaert 和 Häubl（2005）的研究则指出,信息推荐代理减少了产品搜索的数量,让消费者考虑集的范围大大缩小。还有相当多学者从不同情境发现了信息推荐代理对缩短购买决策时间和减少信息搜索的作用（Hostler 等,2011；Pedersen,2000）。另外,还有学者的研究虽然并非基于两阶段决策努力进行,但事实上与两阶段决策并无太大差异。Pedersen（2000）的研究则是基于四阶段的决策过程来看待信息推荐代理对购买决策的影响。他认为决策过程可以分为问题认知、信息搜索、判断和选择四个阶段。问题认知阶段中,用户并未在问题的关注和复杂性上表现出太大差异。而在信息搜索阶段,信息推荐代理使得信息搜索时间大大减少,信息源访问量大增,并且网络搜索中介的满意度获得极大的提高。在判断阶段中,消费者对于考虑集、评价态度和一些产品属性上并未表现出明显差异,而在选择阶段中,信息推荐代理出现了显著的差异,即他们的研究虽然考察了信息推荐代理在四个阶段的作用,但只有在信息搜索和选择阶段,有无信息推荐代理才表现出显著的差异。而信息搜索和选择阶段与前面的两阶段并未有本质上的不同,因此,Pedersen（2000）的研究和前述研究实际上属于同一类。Hostler 等（2011）的研究发现网站对于信息推荐代理的使用会大大增进产品促销信息和产品相关信息搜索的效率,从而提高消费者购买决策的可能,甚至还增加了非计划购买的可能。除了信息视角,学者们也有从关系视角来解读,Hostler 等（2011）的研究还发现信息推荐代理会影响用户对网站的满意程度从而提高使用的意愿。Benlian 等（2012）的研究发现信息推荐代理可以影响消费者对于其关系的功能感知、情感感知和信任感知,从而增进使用的意愿。

虽然学者们几乎都认为信息推荐代理会方便消费者决策,但也出现了一些不同的声音。Olson 和 Widing（2002）的研究表明，信息推荐代理也可能使得消费者在购买决策中花费更多的时间。具体原因在于，虽然信息推荐代理使得信息处理的时间大大缩短，但由于信息推荐代理需要消费者明确陈述自己的偏好，因此会额外增加商品属性输入以及分配重要性权重的时间。这样可能延长消费者购买决策的时间，因此对于购买决策结果有负面影响。Breugelmans 等（2012）的研究则比较了传统的信息搜索方式与信息推荐代理等辅助搜索方式，发现传统方式优于信息推荐代理方式，这是因为消费者能感知到信息推荐代理的使用会带来损失结果的框架心理。此外，Coker 和 Nagpal（2013）的研究还指出，随着信息推荐代理给消费者定制化程度的深入，消费者有时会感知到信息推荐代理是出于公司方进行推荐的目的，而非自身的需求，此时可能会对购买决策有负面影响。

（二）信息推荐代理与购买决策结果

信息推荐代理不仅仅会方便购买决策过程，而且也会影响购买决策的结果。这种影响主要分为三个方面，第一个方面是信息推荐代理对最终选项的影响。Xiao 和 Benbasat（2007）的研究发现，信息推荐代理的使用显著改变了消费者对于某选择项的偏好，某商品的评价以及相关产品筛选的策略。第二个方面是信息推荐代理对决策质量的影响。而决策质量则体现在以下四个方面：①消费者最终选择的产品选项是最优还是次优；②所依据的产品属性与消费者最终的匹配程度；③筛选出来的考虑集选项的平均质量如何；④消费者在做完决策以后的后悔程度。Swaminathan（2003）的研究发现信息推荐代理对决策质量具有正向影响，并且这个正向影响还取决于产品类别复杂度、产品类别风险和产品知识的影响。Xiao 和 Benbasat（2007）的研究发现，信息推荐代理的使用使得消费者的决策质量明显提高，这种提高来自于节省信息搜索、评价以及筛选的时间，提高考虑集质量以及增强消费者认知能力。第三个方面是信息推荐代理对决策自信的影响。Pereira（2001）的研究明确指出信息推荐代理对消费者决策自信的影响。而消费者决策自信主要来源于搜索范围的扩大。

由上可知，信息推荐代理对购买决策结果也有显著的影响。并且主要体现在最终选项的结果、决策质量和决策信心三个方面。虽然未有直接探索其与品牌忠诚的研究，但我们有理由相信，信息推荐代理对决策质量和决策信心的积极影响很可能也会带来品牌忠诚。

本章小结

在本章，本书对消费者知识形成及其前置因素、消费者知识与品牌忠诚的关系及其机制、信息推荐代理与购买决策三个领域的文献进行了系统的梳理和总结，本书认为，当前的研究状况如下：

1. 消费者知识形成及其前置因素的文献较为零散

以往专门针对消费者知识形成及其前置因素的文献很少，大多文献来自消费者学习和消费者社会化的领域，并且只是对其进行相关的探索。而消费者知识形成过程具有其自身独特性，并不能完全等同于消费者学习和消费者社会化过程。未来还需要文献对其进行系统的探索。在互联网兴起后，对于消费者知识的需要越来越迫切的今天，对消费者知识形成过程及其前置因素进行系统探索成为亟待解决的问题。

2. 缺乏互联网情境下，差异化信息媒介对消费者知识形成的影响研究

虽然以往研究在信息媒介对消费者影响领域展开了广泛的研究。但针对信息媒介的不同类型对知识形成的过程却鲜有探索。随着互联网的兴起，信息媒介呈现了多样化的特征。信息媒介是消费者知识形成的重要信息来源，但新的信息媒介和传统信息媒介在信息传播方式上有了革命性的变化。在新形势下，新的媒介与传统媒介对消费者知识的形成有何差异，以往研究并未直接探索。

3. 消费者知识与品牌忠诚的关系的结论不一致，作用机制不明

以往研究对于消费者知识与品牌忠诚的关系出现了不一致的结论，但还未有整合其矛盾结论的文献出现。另外在此背景下，消费者知识与品牌忠诚之间的作用机制也不明，两种不一致的结论分别对应不同的作用机制，而在新的整合研究中，消费者知识与品牌忠诚之间的作用机制是什么，也亟待研究来填补空白。

4. 以往消费者知识与品牌忠诚的关系并未考察消费者学习阶段和感知风险的差异

在互联网背景下，消费者学习和感知风险都是经常被考察的构念。然而让人惊奇的是，在互联网背景下消费者知识与品牌忠诚关系的研究中，却很少有人考虑其关系中消费者学习阶段以及感知风险的差异。而事实上，消费者知识不可避免要涉及消费者学习阶段和感知风险的问题，因此，对消费者学习阶段和产品感知风险的调节作用的考察具有一定的理论和实践意义。

5. 未有研究直接考察信息推荐代理和品牌忠诚之间的关系

在互联网信息过载的背景下，信息推荐代理成为学者们普遍关注的话题。以往研究对信息推荐代理和购买决策之间的关系已经展开了广泛的研究，但鲜有研究涉及信息推荐代理和品牌忠诚之间的关系。而事实上，以往研究已经发现信息推荐代理对购买决策质量和购买决策信息有积极的影响，本书有理由推测，其也会对品牌忠诚有积极的影响。在互联网背景下，品牌忠诚也是从众多海量品牌中脱颖而出的"武器"。因此，考察信息推荐代理与品牌忠诚之间的关系具有一定的理论意义和实践价值。

第三章　理论框架和研究假设

在本章，将基于前期文献的梳理和研究问题，提出本书的研究框架，并提出相应的研究假设。具体而言，本章根据研究问题分为两部分。第一部分探讨信息媒介对于产品知识形成的影响，并考虑学习时期和产品类型的调节作用，即消费者知识的前置因素和调节因素。第二部分将考察消费者知识对品牌忠诚的影响：调节因素和中介机制，即消费者知识的结果变量、机制和相关调节因素。具体框架如图3-1所示。

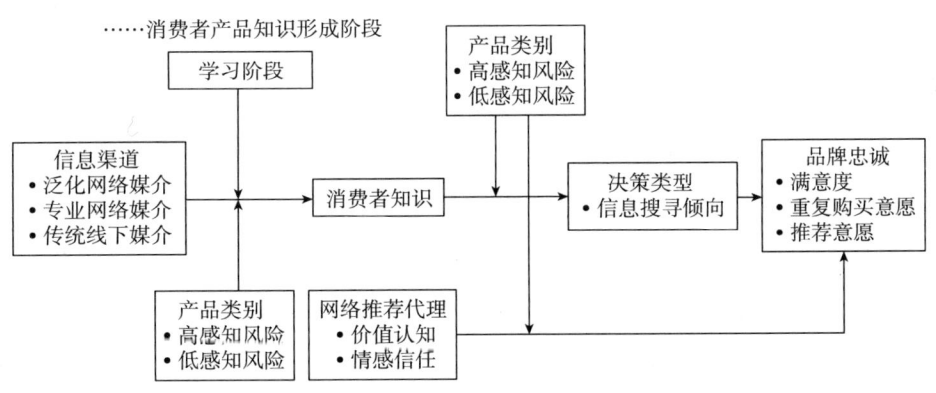

图3-1　消费者产品知识的形成及其对品牌忠诚的影响

第一节 信息媒介对产品知识形成的影响

基于 Meyers（2012）对于一般媒介和专业媒介的定义，以及 Gelb 和 Sundaram（2002）对网络媒介和传统媒介的区分，我们将两者进行了融合。在本书中，我们区分了一般化网络媒介、专业化网络媒介和传统媒介，探讨信息渠道对消费者产品知识形成的影响。

具体而言，本书认为，一般化网络媒介指的是利用网络介质传播综合性信息的媒体，如社交网站、搜索引擎等；专业化网络媒介指的是利用网络媒介传播某特定专业信息的媒介，如垂直育儿网站、专业论坛等。而传统媒介指利用传统媒介传播信息的媒体，如报纸、户外广告等。这种分类本质就是从专业化程度和网络化程度的两个维度进行了融合。之所以这样分类是因为这种分类既考虑了消费者对于知识的广度差异，又考虑了知识的深度差异，能够较为全面地反映消费者知识形成及其可能的影响。

但这三种媒介对于信息受众的影响却存在差异。一般化网络媒介对于信息受众来说，由于其传递综合信息的门槛较低，因此可选的媒介很多。使得受众与该类媒介接触点较多。并且由于其借助网络介质，消费者与该类媒体可以互动，并且循环往复地交流信息（于娜，2008），但由于其综合性信息媒介的特点，要考虑大范围的受众，故内容的专业程度和深度不会太强。而专业化网络媒介则在内容上有较高的深度和专业程度，且由于其借助网络介质，消费者与该类媒体可以互动，但由于内容过于专业，可能与信息受众的接触点稍少。传统媒介则受限于线下传播，与信息受众的接触点较少，其传播主要是单向的，缺乏互动。

本书预测三种媒介的信息搜寻频繁程度对消费者产品知识形成均存在正向

影响。消费者的知识形成是一个需要时间积累的过程，而在这个积累的过程中，会涉及一些行为，如从信息媒介获取信息（Bettman & Park，1980），这些行为有助于对消费者相关知识经验和技能的培养，而这些经验和技能是构成消费者产品知识的主要成分（Alba & Hutchinson，1987）。因此，对于一般化网络媒介的使用越频繁，消费者获取相关经验更多，也有更多培养相关技能的可能，因此消费者产品知识也越丰富。类似地，专业化网络媒介和传统媒介使用越频繁，同样也会有助于消费者经验的积累和相关技能的培养，同样也会使得消费者产品知识越丰富。据此，本研究提出 H3-1a、H3-1b 和 H3-1c：

H3-1a：一般化网络媒介使用越频繁，消费者产品知识越丰富；

H3-1b：专业化网络媒介使用越频繁，消费者产品知识越丰富；

H3-1c：传统媒介使用越频繁，消费者产品知识越丰富。

一、学习时期调节信息媒介对产品知识形成的影响

此外，在消费者产品知识形成的过程中，学习时期可能会在不同媒介中发挥出不同的调节作用。关于学习时期，Peter 和 Olson（2010）认为，消费者学习知识是一个演进的过程，并不是一个简单累积的过程。具体而言，Frisou 和 Yildiz（2011）的研究就指出，在产品知识学习初期，更多是对各类信息或知识逐渐熟悉的过程。传统媒介和一般化网络媒介的影响作用较大，因为它们给消费者提供了广泛多元的产品信息。这个时候具有信息广度的媒体，可能更受消费者欢迎。但到了在产品知识学习后期，消费者更多在意的是对已有信息的调整和使用，对信息的深度要求较高，而不是一味获得新的信息，此时传统媒介和一般化网络媒介并不具备提供这类信息的优势。因此，传统媒介和一般化网络媒介的使用频繁对消费者知识形成的影响会随着学习时期的深入而减弱。但专业媒介对于消费者知识形成的影响则是另一种效果。因为专业媒介强调对

知识结构的重构,是一种对知识的深度加工。而Peter和Olson(2010)指出,消费者学习产品知识的初期是累积阶段,这个时候专业媒体并不能体现其优势,因为该类媒介传递的信息并不具备足够的广度。学习初期的过程中主要还是通过信息的接触给已有的知识结构添加新的知识,但专业媒体的深度解读在于将已有的知识结构进行系统性重构,并且应用于解决具体问题。此时学习初期的消费者还并未达到这种处理信息的能力。而到了学习的后期,主要是对已有知识进行调整阶段和简单重建,强调新知识对旧知识的改造过程。需要更为深入的产品信息,而专业媒体由于有在这个行业深耕多年的专家协作而提供的信息,因此对于知识的融合、改造具有丰富的经验。此时消费者会更加偏好这类媒体的信息。因此,此时专业媒介的使用频繁程度对产品知识形成的影响作用会随着学习时期的深入而逐渐增强,具体而言,本研究提出H3-2a、H3-2b和H3-2c:

H3-2a:学习时期负向调节一般化网络媒介使用频繁程度对消费者产品知识形成的正向影响。

H3-2b:学习时期正向调节专业化网络媒介使用频繁程度对消费者产品知识形成的正向影响。

H3-2c:学习时期负向调节传统媒介使用频繁程度对消费者产品知识形成的正向影响。

二、产品感知风险调节信息媒介对产品知识形成的影响

除了学习所处阶段的不同,不同产品类别下,信息媒介的频繁使用对于产品知识形成的影响可能也存在差异。本书聚焦在感知风险程度不同的产品类别。Swaminathan(2003)的研究就指出,某类产品本质上就比另一类产品的风险要大。比如,单位价格高的产品本质上就比单位价格低的产品财务风险更

大，而餐馆的选择中，不同选项可能在社会风险上有固有的差异。因此，本书可以将感知风险看成产品类别划分的一个视角。不同产品的感知风险差异将会对消费者接下来的学习和信息搜索造成较大影响（Bauer，1960），消费者之所以这么做是因为要想尽办法降低风险，甚至还会开发出很多相应的策略（Dowling & Staelin，1994）。具体而言，对于感知风险较高的产品，消费者在学习产品知识的时候就会对于可接受的结果设置一个较高的门槛（West & Broniarczyk，1998），因此，对于一般化网络媒介、专业化网络媒介、传统媒介等使用频繁程度的要求也会越来越高。所以，相对感知风险较低的产品，消费者计划购买感知风险较高的产品时，无论是一般化网络媒介、专业化媒介还是传统媒介，使用其信息搜寻的频繁程度对产品知识形成的影响作用更大。因此，本研究提出 H3-3a、H3-3b 和 H3-3c：

H3-3a：对于感知风险高的产品（vs. 感知风险较低的产品），一般化网络媒介使用频繁程度对消费者产品知识形成的正向影响更强。

H3-3b：对于感知风险高的产品（vs. 感知风险较低的产品），专业化网络媒介使用频繁程度对消费者产品知识形成的正向影响更强。

H3-3c：对于感知风险高的产品（vs. 感知风险较低的产品），传统媒介使用频繁程度对消费者产品知识形成的正向影响更强。

第二节 消费者知识对品牌忠诚的影响

本书认为产品类型可能是导致关于产品知识和品牌忠诚度之间关系研究出现不一致的原因。对于感知风险较大、决策结果不确定性较大的产品，较多的产品知识更容易促发消费者进行信息搜寻（Swaminathan，2003）。因为在这个情况下，消费者倾向于将更多的购买选项纳入考虑集，进而可能带来较高的品牌转换行为。同时过大的考虑集,提高了消费者"放弃"的产品价值,这种"放弃"心理逐渐降低了消费者的满意度(Kuksov & Villas – Boas,2010;Iyengar & Lepper,2000)。对于感知风险较小的产品,消费者为了减少决策成本,不太倾向于投入时间精力等成本进行信息检索,因而消费者知识会提高对此类产品的忠诚度。

一、产品感知风险调节消费者知识对品牌忠诚度的影响

具体而言,本书认为对于高感知风险的产品,消费者会积极寻找应对风险的策略(Dowling & Staelin,1994),在产品知识较低的情况下,此时消费者缺乏信息辨识的能力。消费者为了规避产品风险,选择领导品牌、口碑较好的产品是一个良好的规避风险策略,因为这种策略较为简单。如果消费者选择决策较为复杂的策略,他们的知识水平将无法帮助其完成任务,因此这种策略不会被消费者考虑。所以,在知识水平较低的情况下,消费者会倾向于关注品牌因素。由于选择的是领导品牌、档次较高的产品,此时对于品牌的满意度和忠诚度也都会较高;随着消费者知识的增加,消费者会通过搜寻更多的产品信息,权衡利弊,降低风险,选择最优产品(Bettman & Park,1980);但是这种信息搜寻过程会付出代价,具体表现在随着信息搜寻的增加,消费者会显著增加备选品牌产品,这既提高了选择的难度,也增加了"放弃"产品的价值,从而降低满意度,也将会降低品牌忠诚度;但当消费者具有丰富的产品知识和使用经验时,此时消费者往往已经形成了对某个品牌的偏好。因此,对于感知风险较高的产品,本书提出H3 – 4:

H3 – 4:对于高感知风险的产品,消费者产品知识对品牌忠诚度的影响呈U型关系。即品牌忠诚随着产品知识丰富的提高先降低后上升。

对于低感知风险的产品,消费者投入时间精力进行信息搜寻的动机较小

(Swaminathan, 2003; Dowling & Staelin, 1994), 因而产品知识的影响并不会因为信息搜寻导致的产品集过大而带来的对于品牌忠诚的负面影响。综合来看，即产品知识对于品牌忠诚的影响并不会产生如高感知风险的产品那样呈现的 U 型关系（Bettman & Park, 1980）。但在此种情况下，产品知识会作为人力资本（Ratchford, 2001），这类观点认为，品牌的知识就像投资的人力资本，以后使用该品牌产品相对于竞争品牌会更有效率，品牌转换成本也会变高，从而导致更高的品牌忠诚。此外，Park 和 Lessig（1981）的研究表明，消费者知识越多，消费者的属性区分能力越强，更容易在不同属性间进行权衡，从而带来更高的决策满意甚至忠诚。即产品知识会正向影响品牌忠诚。因此，对于低感知风险的产品，本书提出 H3－5：

H3－5：对于低感知风险的产品，消费者产品知识对品牌忠诚度呈现正向影响。

二、信息搜寻倾向中介消费者知识对品牌忠诚度的影响

通过上述理论逻辑，可以发现产品知识通过影响消费者的信息搜寻倾向进而作用于品牌忠诚。具体而言，知识程度的高低会引发消费者对于不同水平的信息搜寻倾向。Kivetz 和 Simonson（2000）的研究指出，消费者很多时候是在信息不足的情况下进行决策的。因此，知识水平较低的时候会有很高的信息搜索倾向，并正向影响了品牌忠诚。但随着知识水平的增加，信息搜索水平又会降低，此时就会出现消费者对于某些选项属性信息缺失的情况。在这种情况下，消费者可能会对缺失信息进行推断。但大多研究表明，此类推断会导致负面评价从而影响忠诚（Johnson & Levin, 1985）。Simmons 和 Lynch（1991）就明确指出，消费者经常习惯性地对缺失属性信息赋予负面取值，并且知识越多导致相关外部搜索工作越薄弱，对于缺失信息赋予负面取值的可能性还越大。

即消费者知识越多,消费者对于当前选项的忠诚越低。但随着知识水平的进一步增加,消费者的搜寻会更有效率,其属性区分能力增强(Park 和 Lessig,1981),甚至还会因此形成资本(Ratchford,2001),使得消费者有着更强的品牌忠诚度。因此,在知识水平低的时候,知识水平的增加会正向提高消费者的信息搜索倾向并正向影响品牌忠诚,而知识水平较高的时候,知识水平增加则会降低消费者信息搜索的倾向,从而负向影响品牌忠诚。综上所述,本研究提出 H3-6:

H3-6:信息搜寻倾向作为中介变量调节了产品知识对品牌忠诚度的影响。

第三节 信息推荐代理对品牌忠诚度的影响

在消费者决策过程中,除了基于个人产品知识形成的产品评价和偏好,消费者的决策还可能受到网络推荐代理(Recommendation Agent)的影响。信息推荐代理本来就是因方便购买决策过程而诞生的,其主要功能就是对信息进行过滤和筛选。例如,一些第三方平台通过信息整合为消费者购买进行推荐(Swaminathan,2003)。以往研究发现推荐代理往往可以帮助消费者做出较为满意的决策。具体而言,推荐代理对于消费者的影响可能基于两个维度:一个是认知维度,另一个是情感维度。消费者对于推荐代理的积极认知价值主要来自于其能够显著提高购买决策的效率。信息推荐代理显著减少了消费者对产品信息的搜索努力,还减少了考虑集选项的数量并提高考虑集的质量,让消费者将各个选项进行深度比较成为可能,即信息推荐代理能够对决策质量以及购买决策效率有显著的积极作用(Häubl & Trifts,2000)。这些都会让消费者对认知价值带来积极的认知态度,而这些效率的提高,会有效地改善消费者购买的决策结果、决策质量和决策信心（Xiao & Benbasat，2007）。而这些会给消费者带来更高的品牌忠诚度。类似地，消费者对于推荐代理的使用还会产生情感信任，信息推荐代理对消费者福利有积极作用，因为信息推荐代理使得对于价格－质量信息的搜索成本降低，而质量信息搜索成本的降低也会导致价格敏感性降低，综合起来增进消费者福利，而这种福利和决策质量的提升会让消费者慢慢对信息推荐代理产生情感信任（Lynch & Ariely，2000）。而情感信任越高，消费者的决策自信越高（Xiao & Benbasat，2007），并且消费者的决策自信来自搜索范围的扩大，这使得消费者更加坚信当前品牌为最优选择，提高了品牌的忠诚度。因此，本研究预测消费者对推荐代理的积极态度与品牌忠诚度会呈现正向关系，且推荐代理两个维度的认知价值和情感信任均会正向影响品牌忠诚度，据此，本研究提出 H3－7、H3－7a 和 H3－7b：

H3－7：消费者对推荐代理的积极态度正向影响品牌忠诚度。

H3－7a：消费者对推荐代理的认知价值越高，品牌忠诚度越强。

H3－7b：消费者对推荐代理的情感信任越高，品牌忠诚度越强。

推荐代理的积极作用对于感知风险高的产品更加明显。对于感知风险较高的产品，为了消除风险，消费者会采取更为积极的信息策略（Dowling & Staelin，1994）。并且，消费者的判断往往不如客观的专业技术平台信息整合后的评价选择，这个时候消费者采用推荐代理属于积极的信息策略之一。消费者在购买感知风险较高的产品的时候，会自发地在信息搜索过程中对搜索到的内容设置较高的接受门槛，因此，对于信息搜索的工具也会有一定的要求（West & Broniarczyk，1998），若消费者基于以往使用经验对信息推荐代理已经形成了积极的态度，那么这种积极态度会使得该信息推荐代理搜索到的内容让消费者相信达到了其设置的门槛，从而倾向于被采用。而无积极态度的信息搜索工具可能不能达到消费者对决策的要求而被消费者放弃。对于信息推荐代理的这种积极的态度会让消费者对决策过程更加满意，并且带来更高的决策质量和决策自信（Xiao & Benbasat，2007），这些都会给消费者带来更高的品牌忠诚度。而对于感知风险较低的产品来说，消费者对于信息搜索的要求并不会太高（Dowling & Staelin，1994），因此信息推荐代理在消费者决策过程中所起的作用也会相应降低。因此，即便消费者基于以往的使用经验对信息推荐代理形成了积极的态度，也很难对品牌忠诚度形成显著的影响。据此，本书提出 H3－8、H3－8a、H3－8b：

H3－8：消费者关于推荐代理的积极态度对品牌忠诚度的正向影响对感知风险高（vs. 感知风险低）的产品的作用更加明显。

H3－8a：消费者关于推荐代理认知价值的积极态度对品牌忠诚度的正向影响对感知风险高（vs. 感知风险低）的产品的作用更加明显。

H3－8b：消费者关于推荐代理的情感价值的积极态度对品牌忠诚度的正向影响对感知风险高（vs. 感知风险低）的产品的作用更加明显。

第四章 研究方法和问卷调研

在前文理论模型构建基础上,本书将通过实证研究对理论假设进行检验。本章主要介绍实证研究部分采用的研究方法、研究对象的选取、问卷设计、变量测量及数据收集。

第一节 研究设计

本书旨在探讨两个问题:其一,互联网背景下消费者知识的形成过程,涉及消费者基于互联网媒介信息学习的过程;其二,消费者知识和信息推荐代理对品牌忠诚的影响,同时探讨不同产品类型(感知风险高低)的调节作用。基于这两个问题,本研究试图通过调研某一特定消费群体实现对相关研究变量的测量和研究问题的检验,这样的消费群体应当具备以下三点特征:第一,该消费者群体购买决策的产品应当存在产品知识形成的起点;第二,该消费者群体市场被互联网环境下的诸多媒体渠道覆盖,能够涵盖互联网环境下多样化、差异化的媒介渠道;第三,该消费者群体的购买决策包含高感知风险和低感知风险的产品。之后,本书根据理论模型和以往研究中关于变量的测量设计问卷,并进行预调查以检验变量题项的效度和信度。

一、研究对象选择：母婴产品市场

以往关于消费者知识形成过程的研究较少主要是因为难以界定消费者学习某一类产品知识的起点，因而很多关于消费者知识和消费技能的研究多集中在儿童的消费者社会化领域（John & Whitney，1986）。但是消费者社会化是一生的过程，成年消费者也会因为社会因素（家庭迁徙、婚姻）和科技因素（新技术的产生）形成新的消费行为方式、获得新的消费知识和经验。同时，互联网科技的发展为消费者提供了诸多便捷的产品信息获取和相关知识学习的渠道。因此，探索互联网背景下消费者知识的获取对理解成年人消费者社会化过程具有重要意义。

1. 选取母婴市场作为研究对象的原因

本书选择母婴产品市场作为研究对象，调查母亲对配方奶粉和儿童玩具的购买决策情况。第一，消费决策者（如婴幼儿母亲）对婴幼儿产品购买过程具有较高的卷入度，以往研究表明相对于那些低卷入度、习惯性消费决策的产品（如牙膏、厕纸等日用品），较高卷入度的产品类别可以更为有效地探索消费者个体和营销因素对品牌忠诚度的影响（Iwasaki & Havitz，1998）。第二，母婴产品市场包含较多对同一消费决策群体具有不同感知风险程度的产品类别，这有助于本书选择不同感知风险的产品以调查消费者知识、信息推荐代理和品牌忠诚度之间的关系。第三，对于孕妇和产妇来说，母婴产品类似一个全新的产品类别，因此可以了解其产品知识从无到有的形成过程。第四，母婴产品的学习时期可以通过婴儿的年龄进行准确界定，这比以新产品为对象的普通消费者学习时期的界定更为准确。第五，母婴产品是一个重要的消费市场，同时信息渠道众多、多样化程度较高（刘菁，2015）。最后，在产品品牌和消费者知识分布等其他特征方面，母婴产品市场与其他产品市场并没有显著的差异，因而在探索消费者知识和品牌忠诚度问题上，母婴产品市场是合适的。本书通过问卷调查获得1954名母亲关于配方奶粉和儿童玩具相关的媒介使用、婴儿年龄、产品知识、信息搜寻倾向、信息推荐代理的使用情况和品牌忠诚度等相关变量数据。

2. 与母婴市场产品知识和品牌忠诚相关的研究

营销学聚焦在该产品市场的研究较少，研究较为肤浅，主要描述产品市场的特点、规模等。例如，李晓等（2016）探讨了互联网背景下中国母婴产品市场的发展情况，指出传统母婴市场的固有劣势促进了互联网母婴市场的发展，同时垂直母婴平台和综合母婴平台存在广泛竞争，由于消费者对国内母婴产品缺乏信任，跨境母婴电商发展迅速。姬玮（2014）指出中国母婴市场竞争无序，品牌效应不足，服务有待提升，并认为母婴产品网络营销过程中的口碑传播和意见领袖行为对促进消费者良性反应作用更为明显。Mukherji（2005）针对印度郊区中产阶级进行研究，分析了她们对母婴产品相关广告的态度，发现与西方群体相比，她们对广告有着较为积极的态度。Gallegos等（2014）研究了公益广告的沟通教育策略对哺乳方式的影响。因此，具体针对母婴市场的相关研究也很少关注到产品知识的形成过程和产品知识对母婴产品品牌忠诚度的影响。

二、研究变量测量

根据本书理论构建的消费者知识形成过程模型和消费者知识对品牌忠诚影响模型，本书需要获取的变量有：对信息媒介使用情况的测量、学习过程阶段的测量、对消费者产品知识丰富程度的测量、对信息搜寻倾向的测量、对信息推荐代理感知价值的测量、对品牌忠诚的测量、选取高低感知风险的两个母婴产品类别。

本书从消费者知识、品牌忠诚等相关的研究中获得消费者产品知识、信息搜寻倾向、推荐代理价值感知和品牌忠诚变量的测量。此外,本书通过初步调查 30 位 0~3 岁婴儿的母亲了解她们日常主要使用的信息媒介渠道,同时结合母婴市场主要的媒介渠道类型定义了媒介渠道测量,确定了信息媒介渠道的类别和包含媒介。此外,本书对 30 位母亲前测了四类产品以确定感知风险高和低的两类母婴产品,包括婴儿配方奶粉、婴儿洗护产品、母婴电器和婴儿玩具。对学习过程阶段的测量本书则使用婴幼儿的年龄衡量,因此正式问卷中将调查婴幼儿的年龄。

1. 信息媒介使用情况变量测量

为了确保母婴市场信息媒介使用情况变量涵盖的媒介渠道全面、重要且差异化,本书通过两个阶段确定信息媒介使用情况测量变量。首先,本书通过检索以往关于消费者信息媒介的相关研究整理归纳了主要的信息媒介渠道,涉及传统媒介(报纸、杂志、广播、电视、户外广告灯等)、现场宣传(店铺宣传、销售推荐、展览会等)、网络媒介(搜索引擎、门户网站、微博宣传、微信宣传、垂直育儿网站、母婴相关 APP、社交网站等),如表 4-1 所示。

表 4-1 信息媒介渠道

	传统媒介	现场宣传	网络媒介
1	报纸广告	展览会	搜索引擎
2	杂志广告	线下课堂	门户网站
3	广播广告	店内产品陈列	微博宣传
4	电视广告	店内海报宣传	微信宣传
5	公交移动广告	销售人员宣传	垂直育儿网站
6	户外广告牌		母婴 APP
7	楼宇广告		社交网站
8			电子邮件
9			品牌客户端

之后，考虑到母婴市场的独特性，本书选取了 30 位 0~30 岁的母亲了解其主要使用的信息媒介渠道，确定了三类媒介中母婴市场主要的媒介途径。本书通过一母婴网站随机访问了 30 位婴幼儿母亲会员，调查了她们对上述媒介使用的频繁程度和重要程度感知，使用 1~5 分李克特量表，分值越大表示使用越频繁，重要程度越高。30 位母亲平均年龄 27 岁，婴幼儿年龄在 0~1 岁，1~2 岁，2~3 岁的母亲数量分别为 10 位。统计分析数据结果显示杂志广告、电视广告、楼宇广告、店内产品陈列、销售人员宣传、搜索引擎、微博宣传、微信宣传、垂直育儿网站、母婴 APP、社交网站、品牌客户端是被认为使用频繁且重要的信息媒介渠道，这些媒介渠道在使用频繁程度和重要性评价上得分均在 3 以上，如表 4-2 阴影部分所示。因此，本书选定这些信息媒介渠道进行调查，获取母婴市场媒介信息渠道使用情况的变量，在问卷中使用 1~5 点量表询问被试使用各个媒介的频繁程度。

表 4-2 信息媒介均值

	传统媒介	均值（标准差）	现场宣传	均值（标准差）	网络媒介	均值（标准差）
1	杂志广告	3.23 (0.89)	店内产品陈列	3.40 (0.91)	搜索引擎	3.78 (0.98)
2	电视广告	3.57 (0.93)	销售人员宣传	3.33 (0.78)	微博宣传	3.23 (0.83)
3	楼宇广告	3.13 (0.82)	展览会	1.97 (0.73)	微信宣传	3.38 (0.85)
4	报纸广告	2.22 (0.83)	线下课堂	2.75 (0.92)	垂直育儿网站	3.49 (0.92)
5	广播广告	1.81 (0.92)	店内海报宣传	2.45 (0.88)	母婴 APP	3.27 (0.88)
6	公交移动广告	2.31 (0.89)			社交网站	3.53 (0.93)
7	户外广告牌	2.11 (0.79)			品牌客户端	3.11 (0.81)
8					门户网站	2.67 (0.94)
9					电子邮件	2.37 (0.96)

注：阴影部分为前测调查得到的目标群体主要使用的信息媒介。

2. 学习过程阶段变量获取

为了捕捉消费者的产品知识过程，本书通过调查分析后选定母婴产品市场作为研究对象，其中主要原因在于母亲对婴儿使用的产品知识的学习存在一个大致的初始点，即怀孕期。前文的调查中显示许多母亲在怀孕期间就开始了解育儿知识，包括婴儿配方奶粉、喂养方式、婴儿推车等。

因此，本书选择婴儿出生作为母亲母婴产品知识学习的起点，而学习时期阶段则使用婴幼儿的年龄衡量，共设定7个时间阶段：怀孕期间，婴幼儿0~6个月，婴幼儿6个月~1岁，婴幼儿1~1.5岁，婴幼儿1.5~2岁，婴幼儿2~2.5岁，婴幼儿2.5~3岁。此处本书主要选择3岁以下作为母婴产品知识的学习时期，因为3岁之后母亲已经拥有了丰富稳定的产品知识，并且相关产品的使用也已经结束（例如配方奶粉大部分截止到3岁）。

要注意的是，有些母亲可能生育一个以上的孩子，因此存在两次的学习过程，为了避免因此造成的误差，本书在调查中询问了被试者生育的孩子数量，数据分析时仅选择拥有一个孩子的母亲作为有效样本。

3. 高低感知风险产品类别的选择

为了检验产品感知风险对产品知识形成过程的调节影响，以及对于产品知识与品牌忠诚之间关系的调节影响，本书拟选择两个不同感知风险程度的产品类别来区分感知风险高低。通过对母婴产品市场的初步访问调查，本书选取了4个产品类别用于确定具体的两个高低感知风险产品类别，初步选择的产品是婴儿配方奶粉、婴儿洗护用品、婴儿玩具和母婴电器。

产品感知风险包含诸多维度，如功能风险、财务风险、社会风险、心理风险、身体风险等，母婴产品主要涉及功能风险和身体风险，这些产品方面的风险对婴幼儿的成长最为重要。因此本书主要调查了样本对四类母婴产品在功能风险和身体风险方面的感知，使用1~5点李克特量表，分值越大表示感知风险越高，数据结果表明婴幼儿配方奶粉感知风险最高（M 功能风险 = 3.96，

SD=0.66；M 身体风险=4.09，SD=0.62），婴幼儿玩具感知风险最低（M 功能风险=3.42，SD=0.67；M 身体风险=3.33，SD=0.46），配对样本 t 检验显示婴幼儿配方奶粉比婴幼儿玩具在功能风险感知（t（29）=3.76，p=0.001）和身体风险感知（t（29）=6.31，p<0.001）方面均显著更高，如表 4-3 所示。

表 4-3　四种婴幼儿产品感知风险描述

	婴幼儿配方奶粉	婴幼儿洗护用品	婴幼儿电器用品	婴幼儿玩具
功能风险	3.96（0.66）	3.72（0.72）	3.61（0.67）	3.42（0.67）
身体风险	4.09（0.62）	3.75（0.63）	3.75（0.46）	3.33（0.46）

4. 消费者产品知识的测量

消费者知识涉及对产品类别的熟悉程度和专业化能力（Alba & Hutchinson，1987），类似地，Brucks（1985）认为消费者的产品知识包括专业术语、产品属性知识、一般产品使用知识、品牌知识。本书参照 Brucks（1985）提出的产品知识概念使用 5 个题项测量母婴市场消费者主观的产品知识，分别是总体知识评价、产品属性知识评价、产品功能知识评价、品牌知识评价和产品使用知识评价，具体见表 4-4。

表 4-4　产品知识测量题项

测量题项	衡量内容
1. 我有丰富的儿童玩具知识	总体评价
2. 我对儿童玩具的材料、质地很了解	产品属性知识评价
3. 我对儿童玩具的功能功用很了解	产品功能知识评价
4. 我熟悉大多数的儿童玩具品牌	品牌知识评价
5. 我非常清楚怎么给宝宝选儿童玩具	产品使用知识评价

5. 消费者信息搜寻倾向测量

本书主要了解消费者的信息搜寻倾向，消费者决策过程中的信息搜寻涉及产品信息的搜寻、渠道信息的搜寻和参照群体信息的搜寻（Fraser，2003），本书因此从这三个方面使用三个题项测量了样本的信息搜寻倾向，如表4－5所示。

表4－5　信息搜寻倾向测量题项

测量题项	题项来源
1. 综合对比各个品牌、产品的属性价值	Fraser（2003）
2. 对比不同渠道的产品质量、价格信息等	
3. 了解周围其他朋友的宝宝使用相关产品的情况	

6. 推荐代理感知价值测量

Xiao 和 Benbasat（2007）认为推荐代理是一种软件代理，它在消费者进行网络购物过程中扮演了直接或间接地引起消费者对产品的偏好或者购买意向的角色。本书关注消费者感知到的推荐代理的价值对品牌忠诚的影响。以往研究表明消费者在网络购物过程中主要感受到两个方面的推荐代理价值：认知价值和信任价值（Xiao & Benbasat，2007；陈明亮和蔡日梅，2009）。本书同样对这两个维度进行测量，结合 Xiao 和 Benbasat（2007）、Komiak 和 Benbasatt（2006）以及陈明亮和蔡日梅（2008）的研究，本书分别使用三个题项分别测量了消费者对不同媒介推荐代理的认知价值和信任价值，参见表4－6。

表4-6 推荐代理感知价值测量题项

	测量题项	题项来源
认知价值	1. 门户网站等网络广告推荐提供有用信息	参照 Xiao & Benbasat（2007）；Komiak & Benbasattt（2006）；陈明亮和蔡日梅（2008）
	2. 微博、微信、博客等的推荐提供有助于我了解不知道的产品	
	3. 线上育儿论坛，妈妈论坛等 BBS 的推荐和建议有助于我减少信息搜寻	
信任价值	1. 我信任门户网站等网络广告推荐	
	2. 我认为微博/微信/博客等的推荐不会欺骗我	
	3. 我相信线上育儿论坛，妈妈论坛等 BBS 的推荐和建议	

7. 品牌忠诚测量

对品牌忠诚的研究分为行为忠诚学派和态度忠诚学派，测量品牌忠诚度的方法众多。本书参照以往研究主要使用的维度，结合本书的调查方式特征，选取三个主要的、便于被试理解的题项测量品牌忠诚度，即满意度、继续购买意愿和推荐意愿，这三个题项分别从三个维度衡量了顾客忠诚度（见表4-7）。

表4-7 品牌忠诚度测量题项

测量题项	题项来源
1. 我对当前使用的品牌满意	Oliver（1997），邹德强等（2007）
2. 我会继续购买该品牌	
3. 我会向周围的朋友推荐该品牌	

三、问卷设计

问卷设计的目的是将相关研究变量有序、合理地融入到问卷之中，同时结合问卷调查方式（本书采用电子邮件调查）有效地组织编排问卷。具体而言，问卷分为以下三个部分：

第一部分为样本甄别部分，主要目的在于筛选有效样本，在确定个体为有效的样本被试后再开始进一步的调研。有效样本的确定主要包含两个条件：其一，样本需要是0~3岁婴幼儿的母亲，且只有一个孩子；其二，样本需要具有购买过婴幼儿奶粉或婴幼儿玩具的经历。因此，在问卷第一部分的样本甄别阶段，我们主要询问了以下内容：

S1. 请问您的性别是？（单选）

男	1	终止
女	2	继续

【终止提示语：我们想找一些妈妈或者准妈妈参加我们的调查，多谢您的参与，谢谢！】

S2. 请问以下哪种情况最符合您现在的状况？（多选）

怀孕期间（0~3个月）	1	
怀孕期间（4~6个月）	2	
怀孕期间（7个月至待产）	3	
有孩子	4	如果怀孕，且有孩子则终止。否则追问S3
未怀孕且无孩子	5	感谢并终止

S3.【只针对S2 = 4的人提问】请问您的孩子几岁了？如果您有多个孩子，可以选择多个选项。（多选）

6个月及以下	1	
6个月至1岁（含1岁）	2	
1岁到1岁半（含1岁半）	3	继续
1岁半到2岁（含2岁）	4	
2岁到2岁半（含2岁半）	5	
2岁半到3岁（含3岁）	6	
3岁以上	7	感谢并终止

【S3 如果选择多于1个答案时，感谢并终止】

S4. 请问您曾经给宝宝购买过以下哪些产品呢？（多选）

	曾经购买
婴幼儿配方奶粉	1
婴幼儿玩具	2
婴幼儿推车	3
纸尿裤	4
婴幼儿童话书	5

【S4 如果选择了1或2则随机选择产品类别继续下面调研；选择其他则感谢并终止】。

问卷第二部分为相关研究变量的测量。具体的研究变量前文已经介绍过，相应的变量调研次序为品牌忠诚度、产品知识、推荐代理价值感知、信息媒介使用情况、信息搜寻倾向。所有题项均使用1~5点量表打分。

问卷第三部分为个人基本信息调查，涉及被访者的受教育程度、年龄、目前工作状况、家庭收入、母婴产品平均月支出。

品牌忠诚度在消失吗?

第二节 问卷前测和调查方法

为了检验问卷测量变量的有效性,本书在小样本范围内进行了预调查。在问卷调查后,本书主要进行了探索性因子分析、信度分析和效度分析以检验变量测量的有效性,之后对问卷测题进行部分调整。

一、问卷调查方法

正式问卷的调查方法与前测问卷的调查方法一致,本书在此将详细汇报问卷调查方法。

由于婴幼儿产品的购买决策多是由母亲做出和执行的,因此本书的样本对象为婴幼儿母亲。本书依托某一母婴产品公司的网络社群,预调查随机选择300名婴幼儿母亲会员,通过邮件发送问卷链接进行调查。邮件中告知被访者,问卷填答大概需要10分钟的时间,填答结束后可获得价值20元的母婴产品现金抵用券。预调查在第一次发送调查邮件后1周,再次发送邮件提醒未填答的会员进行填答,最后收集到有效样本120份,分别为58个婴幼儿配方奶粉被访者和62个婴幼儿玩具被访者。问卷调查中我们筛选了孩子年龄在3岁以下,且仅有一个孩子的婴幼儿母亲作为合格的填答问卷。62%的母亲的婴儿在1岁以内,大专以上学历的母亲比例为86.2%,母婴产品月支出在3000元以内的样本比例为83.5%。

二、各变量的探索性因子分析

在进行因子分析前,需要对相关测量变量进行 KMO 样本测度和 Bartlett 球体检验,以衡量各题项间是否具有相关性,只有相关性较高时才适合进行因子分析。本书对品牌忠诚度、产品知识、信息推荐代理价值感知、信息媒介使用情况和信息搜寻倾向分别做因子分析。

1. 品牌忠诚度的因子分析

品牌忠诚度的 KMO 样本测度结果和 Bartlett 球体检验结果如表 4-8 所示。其中,KMO 值为 0.65,接近 0.7,适合进行因子分析,同时 Bartlett 球体检验卡方值为 101.9,显著性水平小于 0.001,说明相关系数矩阵不是单位矩阵,适合进行因子分析。

表 4-8 品牌忠诚度的 KMO 样本测度结果和 Bartlett 球体检验结果

KMO 样本测度		0.648
Bartlett 球体检验	卡方值	101.86
	自由度	3
	显著性	0.000

在因子分析适宜性检验的基础上,通过主成分分析法提取因子,设定提取原则为特征值大于 1,最后得到一个因子,解释的总体方差变异为 88.27%。

2. 产品知识的因子分析

产品知识的 KMO 样本测度结果和 Bartlett 球体检验结果表明产品知识题项适合进行因子分析,其中 KMO 值为 0.78,大于 0.7,Bartlett 球体检验卡方值为 175.2,显著性水平小于 0.001,说明相关系数矩阵不是单位矩阵,适合进行因子分析，具体如表 4-9 所示。

表 4-9 产品知识的 KMO 样本测度结果和 Bartlett 球体检验结果

KMO 样本测度		0.781
Bartlett 球体检验	卡方值	175.28
	自由度	10
	显著性	0.000

在因子分析适宜性检验的基础上，通过主成分分析法提取因子，设定提取原则为特征值大于 1，最后得到一个因子，解释的总体方差变异为 89.71%。

3. 推荐代理价值感知的因子分析

推荐代理价值感知的 KMO 样本测度结果和 Bartlett 球体检验结果表明，产品知识题项适合进行因子分析，其中 KMO 值为 0.73，大于 0.7，Bartlett 球体检验卡方值为 109.4，显著性水平小于 0.001，说明相关系数矩阵不是单位矩阵，适合进行因子分析，具体如表 4-10 所示。

表 4-10 推荐代理的 KMO 样本测度结果和 Bartlett 球体检验结果

KMO 样本测度		0.730
Bartlett 球体检验	卡方值	109.43
	自由度	15
	显著性	0.000

在因子分析适宜性检验的基础上，通过主成分分析法提取因子，设定提取原则为特征值大于 1，最后得到两个因子，解释的总体方差变异为 89.71%。表 4-11 为旋转的推荐代理感知价值符合矩阵。

表 4-11 旋转的推荐代理感知价值负荷矩阵

测量题项		成分	
		1	2
RA 信任	RA 无偏见	0.813	0.123
	RA 不骗人	0.739	0.003
	RA 专业	0.730	0.215
RA 认知价值	RA 节约精力	0.151	0.791
	RA 信息有用	0.245	0.735
	RA 决策质量	0.279	0.462

4. 信息搜寻倾向的因子分析

信息搜寻强项的 KMO 样本测度结果和 Bartlett 球体检验结果表明，产品知识题项适合进行因子分析，其中 KMO 值为 0.82，大于 0.7，Bartlett 球体检验卡方值为 134.3，显著性水平小于 0.001，说明相关系数矩阵不是单位矩阵，适合进行因子分析，具体如表 4-12 所示。

表 4-12 推荐代理的 KMO 样本测度结果和 Bartlett 球体检验结果

KMO 样本测度		0.820
Bartlett 球体检验	卡方值	134.29
	自由度	3
	显著性	0.000

在因子分析适宜性检验的基础上，通过主成分分析法提取因子，设定提取原则为特征值大于 1，最后得到一个因子，解释的总体方差变异为 83.55%。

5. 媒介信息渠道使用情况的因子分析

媒介信息渠道使用情况的 KMO 样本测度结果和 Bartlett 球体检验结果表明，产品知识题项适合进行因子分析，其中 KMO 值为 0.69，接近 0.7，Bartlett 球体检验卡方值为 272.4，显著性水平小于 0.001，说明相关系数矩阵不是单位矩阵，适合进行因子分析，具体如表 4-13 所示。

表 4-13 推荐代理的 KMO 样本测度结果和 Bartlett 球体检验结果

KMO 样本测度		0.686
Bartlett 球体检验	卡方值	272.000
	自由度	55.000
	显著性	0.000

在因子分析适宜性检验的基础上，通过主成分分析法提取因子，设定提取原则为特征值大于 1，最后得到 3 个因子，解释的总体方差变异为 81.65%。同时根据媒介特征，将三个因子分别定义为专业网络媒介、传统线下媒介和泛化网络媒介。专业网络媒介包含垂直育儿网站①、母婴 APP 和专业论坛，这些媒介专注于母婴市场，为用户提供全面、深入的产品信息。传统线下媒介则包括楼宇广告、电视广告、店员推销、点品陈列和杂志广告，在与传统媒介接触中消费者往往是被动的获得相关信息，具体如表 4-14 所示。

表 4-14 旋转的信息媒介使用负荷矩阵

		成分		
		1	2	3
专业网络媒介	垂直育儿网站	0.667	-0.214	0.101
	母婴 APP	0.642	0.493	0.158
	专业论坛	0.696	-0.374	-0.014

---

① 在问卷中，本书向被试者介绍了垂直育儿网站的概念：垂直育儿网站指集中在母婴市场，提供母婴产品的全面深度信息和相关服务的网站，例如宝宝树、育儿网、摇篮网。

续表

		成分		
		1	2	3
传统线下媒介	楼宇广告	0.090	0.667	-0.465
	电视广告	0.121	0.659	-0.445
	店员推销	-0.395	0.643	0.267
	店面陈列	0.262	0.641	-0.185
	杂志广告	-0.410	0.679	0.233
泛化网络媒介	社交网站	0.333	-0.337	0.721
	微信宣传	0.433	-0.366	0.659
	微博宣传	0.275	0.571	0.611
	搜索引擎	0.120	0.499	0.679

三、信度分析

信度分析主要进行 Cronbach's α 检验，信度分析结果如表 4-15 所示，各测量变量具有很好的信度。

表 4-15 旋转的信息媒介使用负荷矩阵

变量	题项数量	Cronbach's α
品牌忠诚度	3	0.768
产品知识	5	0.791
RA 信任	3	0.684
RA 认知价值	3	0.838
信息搜寻倾向	3	0.857
专业网络媒介	3	0.776
传统网络媒介	5	0.722
泛化网络媒介	4	0.755

第三节 正式调查和样本描述

一、正式调查

前测结果表明,本书的变量测量效果理想,因此本书对个别题项表述进行调整后,进行正式的问卷调查。问卷调查流程与预调查流程相同:本书依托同一母婴产品公司的网络社群,随机选择 6000 名婴幼儿母亲会员,通过邮件发送问卷链接进行调查。邮件中告知被访者,问卷填答大概需要 10 分钟的时间,填答结束后可获得价值 20 元的母婴产品现金抵用券。在问卷链接发送两周后,对未填答的会员进行邮件提醒。正式问卷收集过程共持续 4 周时间。

二、样本描述

调查共获得 1954 个样本。样本的年龄、受教育程度、工作状态、家庭月收入、母婴产品月支出等信息如表 4-16 所示。

表 4-16 样本情况描述统计

		全部样本 (N=1954)		婴幼儿配方奶粉 (N=974)		婴幼儿玩具 (N=980)	
		数量	百分比(%)	数量	百分比(%)	数量	百分比(%)
婴幼儿年龄段(学习阶段)	怀孕期	232	11.9	123	12.6	109	11.1
	0~0.5 岁	527	27	271	27.8	256	26.1
	0.5~1 岁	584	29.9	275	28.2	309	31.5

续表

		全部样本 （N=1954）		婴幼儿配方奶粉 （N=974）		婴幼儿玩具 （N=980）	
		数量	百分比（%）	数量	百分比（%）	数量	百分比（%）
婴幼儿年龄段（学习阶段）	1~1.5岁	274	14	133	13.7	141	14.4
	1.5~2岁	162	8.3	75	7.7	87	8.9
	2~2.5岁	116	5.9	62	6.4	54	5.5
	2.5~3岁	59	3	35	3.6	24	2.4
母亲受教育状况	高中及以下	195	10	89	9.1	106	10.8
	中专/技校	177	9.1	88	9	89	9.1
	大专	626	32	313	32.1	313	31.9
	本科及以上	956	48.9	484	49.7	472	48.2
母亲工作状态	全职	1050	53.7	521	53.5	529	54.0
	兼职工作	99	5.1	45	4.6	54	5.5
	产假期	413	21.1	210	21.6	203	20.7
	无工作	392	20.1	198	20.3	194	19.8
母亲年龄段	小于20岁	7	0.4	3	0.3	4	0.4
	20~25岁	372	19	185	19.0	187	19.1
	26~30岁	1106	56.6	547	56.2	559	57.0
	31~35岁	433	22.2	219	22.5	214	21.8
	36~40岁	36	1.8	20	2.1	16	1.6
家庭月收入	0~2999元	195	10.0	103	10.6	92	9.4
	3000~5999元	682	34.9	294	30.2	388	39.6
	6000~9999元	587	30.0	337	34.6	250	25.4
	10000~19999元	359	18.4	176	18.1	183	18.7
	20000元以上	131	6.7	64	6.6	77	6.9
母婴产品月支出	1000元以下	513	26.3	204	20.9	309	31.5
	1000~1999元	752	38.5	418	42.9	334	34.1
	2000~2999元	384	19.7	217	22.3	167	17.0
	3000~3999元	154	7.9	84	8.6	70	7.2
	4000元以上	151	7.7	51	5.2	100	10.2

本章小结

本章主要阐述了实证研究设计,涉及问卷的预调查和正式调查。具体来说,本章首先阐明了研究对象的选取,即选择母婴产品市场对品牌忠诚度研究和消费者产品知识形成过程研究的合理性;其次,本章详细介绍了产品知识、信息搜寻倾向、信息推荐代理感知价值、品牌忠诚度的测量以及高低感知风险产品类别的选取;再次,通过预调查确定了量表的有效性和最终题项;最后,本章阐明了正式调查过程,描述了收集到的有效样本。

第五章 实证检验和数据结果分析

本章的主要目的在于对收集的数据进行分析,对研究假设进行验证。首先,本章检验了测量变量的信度和效度;之后根据研究理论模型,对数据进行分析,分别检验了产品知识形成过程中信息媒介的作用和产品知识、信息推荐代理对品牌忠诚度的影响;基于数据结果,本章讨论了研究假设的验证和其他相关发现。

第一节 变量的信度和效度检验

一、变量的信度检验

本书采用 Cronbach's α 值衡量各变量测量的信度,α 值衡量的是变量的内在一致性程度,即各个测量题项测量的是否是同样的内容。表 5-1 结果显示各个变量的 Cronbach's α 均在 0.7 以上,可认为量表具有良好的可靠性。同时因子分析结果显示各题项的因子载荷量在 0.6 以上,表明各测量题项有效地衡量了测量变量。

表 5-1 信度检验

变量/测量项目	Cronbach's α	因子载荷
产品知识		
我有丰富的奶粉知识		0.826
我对奶粉的配方、成分很了解		0.816
我对奶粉的功能效用很了解	0.826	0.786
我熟悉大多数的奶粉品牌		0.765
我非常清楚怎么给宝宝选奶粉		0.662
信息搜寻倾向		
综合对比各个品牌、产品的属性价值		0.888
对比不同渠道的产品质量、价格信息等	0.852	0.881
了解周围其他朋友的宝宝使用相关产品的情况		0.835
推荐代理认知价值		
门户网站等网络广告推荐提供有用信息		0.819
微博/微信/博客等的推荐提供有用信息	0.771	0.812
线上育儿论坛、妈妈论坛等BBS的推荐和建议提供有用信息		0.786
推荐代理信任价值		
我信任门户网站等网络广告推荐		0.856
我信任微博/微信/博客等的推荐	0.756	0.833
我信任线上育儿论坛、妈妈论坛等BBS的推荐和建议		0.799
品牌忠诚		
我对当前使用的品牌满意		0.869
我会继续购买该品牌	0.766	0.837
我会向周围的朋友推荐该品牌		0.769

二、变量的效度检验

在问卷前测中,探索性因子分析已经表明测量变量具有良好的建构效度,参见表 4-8 至表 4-13。本章对正式问卷的数据进一步采用验证因子分析的方法检验量表的收敛效度和判别效度,具体使用平均方差抽取值(AVE)和组合信度系数(CR)衡量收敛效度,采用变量的方差平均抽取值和相关系数的比较衡量(Fornell & Larcker,1981)。数据结果显示,各变量的平均方差抽取值在 0.6 以上,超过了 0.5 的临界值;同时各变量的组合信度值在 0.8 以上,超过了 0.7 的临界值,说明各变量之间具有良好的收敛效度。此外,各变量平均方差抽取值的平方根①都大于该变量与其他变量的相关系数,表明各变量之间有较好的判别效度(见表 5-2)。

表 5-2 研究变量效度检验

	泛化媒介	传统媒介	专业媒介	产品知识	信息搜寻倾向	推荐代理认知价值	推荐代理情感信任	品牌忠诚度
泛化媒介	0.643							
传统媒介	0.426**	0.756						
专业媒介	0.436**	0.512**	0.667					
产品知识	0.314**	0.291**	0.288**	0.740				
信息搜寻倾向	0.201**	0.190**	0.235**	-0.027	0.778			
推荐代理认知价值	0.384**	0.350**	0.247**	0.194**	0.131**	0.823		
推荐代理情感价值	0.380**	0.454**	0.399**	0.257**	0.051**	0.317**	0.786	
品牌忠诚度	0.113**	0.103**	0.114**	0.240**	-0.106**	0.090**	0.032	0.741
平均值	3.57	3.58	3.69	3.35	3.82	3.84	3.59	4.02
标准差	0.55	0.60	0.70	0.68	0.71	0.61	0.77	0.69
组合信度(CR)	0.812	0.851	0.806	0.934	0.913	0.933	0.917	0.896

注:n=1954,对角线上的数值为各变量的平均方差抽取值。** 表示 $p<0.01$。

---

① 表 5-2 汇报了各变量平均方差的抽取值,由于平均方差抽取值的平方根大于平方差抽取值,因此通过比较平均方差抽取值,即可清晰地判断判别效度。

在确定了测量变量具有良好的信度和效度后,本书将分别检验消费者产品知识形成的相关理论假设和消费者产品知识及信息推荐代理对品牌忠诚度影响的理论假设。

第二节 消费者产品知识形成过程的假设检验数据分析

本节旨在检验信息媒介渠道对消费者产品知识形成的影响。本节首先检验了变量的多重共线性问题;在确定变量间不存在共线性问题后,对变量进行标准化处理,产品感知风险使用分类变量编码,0 为低感知风险的婴幼儿玩具,1 为高感知风险的婴幼儿奶粉。之后通过多元回归分析检验了信息媒介渠道对消费者产品知识的影响,同时分析了学习时期阶段和产品类别的调节作用。

一、研究变量多重共线性检验

消费者获得的产品知识来自不同的信息媒介渠道,不同的信息媒介渠道可能相互影响,彼此之间存在较高的相关性,即信息媒介渠道变量的多重共线性问题造成模型估计不准确。为了检验研究变量间的多重共线性问题,本书通过变量间的相关性和方差膨胀因子(VIF)进行判断。数据结果显示研究变量间的相关系数均小于 0.55,表明不存在较高的相关性;同时方差膨胀因子均小于 2,VIF 值在 10 以内,被认为不存在多重共线性问题。因此,通过相关性和方差膨胀因子判断,研究变量间不存在多重共线性问题,具体如表 5-3 和表 5-4 所示。

表 5-3 研究变量间相关性分析

	泛化媒介	传统媒介	专业媒介	产品知识	学习时期阶段
泛化媒介	1				
传统媒介	0.426**	1			
专业媒介	0.436**	0.512**	1		
产品知识	0.314**	0.219**	0.288**	1	
学习时期阶段	-0.070**	-0.018	0.035	0.152**	1

注：** 表示 $p<0.01$。

表 5-4 方差膨胀因子的多重共线性检验

模型 1	共线性检验	
	容差	VIF
常量		
泛化媒介	0.729	1.372
传统媒介	0.649	1.541
专业媒介	0.663	1.507
产品类别	0.887	1.128
学习时期阶段	0.989	1.011

二、不同媒介对消费者产品知识形成的影响

本章使用多元回归分析检验不同媒介对消费者产品知识形成的影响。首先，在模型 1 中加入泛化网络媒介、传统线下媒介和专业网络媒介三种类型的信息网络媒介作为自变量，同时将母亲的工作状态、受教育程度、年龄段、家庭收入和母婴产品月支出作为控制变量，数据结果显示泛化的网络媒介（β =

0.212，p < 0.001）、传统线下媒介（β = 0.128，p < 0.001）和专业网络媒介（β = 0.126，p < 0.001）的使用频繁程度对消费者知识丰富程度均存在正向影响。此外，母亲的受教育程度（β = 0.047，p = 0.05）、年龄段（β = 0.063，p = 0.006）和母婴产品月支出（β = 0.041，p = 0.067）对产品知识丰度程度存在正向影响，但母亲的工作状况（β = -0.035，p = 0.116）和家庭月收入（β = -0.002，p = 0.923）与母亲的产品知识丰富程度没有显著关系。模型调整的 R^2 为 0.151，表明模型具有较好的解释力。

模型 1 的数据结果表明信息媒介使用越频繁，消费者知识越丰富，同时泛化网络媒介对消费者产品知识的贡献作用最大（β 泛化媒介 = 0.212，β 传统媒介 = 0.128，β 专业媒介 = 0.126）。另外，消费者知识与母婴产品月支出正相关，但是与家庭月收入没有显著关系，这表明消费者知识可以在购买和使用过程中得到学习积累。母亲受教育程度越高，其产品知识越丰富。尽管母亲年龄对产品知识存在正向影响，但这可能是由于母亲年龄与幼儿年龄（产品知识学习时间长度）间存在内在的相关性导致的。

在模型 1 基础上加入知识学习阶段和产品类型同时作为自变量，模型调整的 R^2 为 0.176，有较为明显的提升。数据结果显示三种媒介对消费者知识的正向影响和模型 1 相似，同时受教育程度、母亲年龄段和母婴产品月支出对消费者知识的影响依旧显著，而目前工作状况、家庭月收入对消费者知识影响仍旧不显著。同时，发现知识学习阶段对消费者知识存在正向影响（β = 0.159，p < 0.001），表明学习时期越长，产品知识越丰富。而产品类型对消费者知识存在负向影响（β = -0.159，p = 0.009），意味着母亲对高感知风险的婴幼儿配方奶粉（vs. 婴幼儿玩具）的主观消费者知识丰富程度感知更低，这可能是由于个体对高感知风险产品缺乏信息导致的，具体如表 5 - 5 所示。

表5-5 信息媒介、产品类型和学习时期对消费者知识形成的影响

	模型1		模型2		模型3		模型4		模型5	
	β	p	β	p	β	p	β	p	β	p
目前工作状况	-0.035	0.116	0.009	0.702	0.017	0.458	0.019	0.397	0.015	0.491
受教育程度	0.047	0.050	0.062	0.008	0.054	0.023	0.054	0.023	0.054	0.021
年龄段	0.063	0.006	0.043	0.063	0.037	0.109	0.038	0.097	0.039	0.091
家庭月收入	-0.002	0.923	-0.004	0.867	-0.015	0.519	-0.017	0.458	-0.018	0.436
母婴产品月支出	0.041	0.067	0.044	0.047	0.045	0.038	0.045	0.038	0.046	0.038
泛化网络媒介	0.212	0.000	0.213	0.000	0.316	0.000	0.319	0.000	0.319	0.000
传统线下媒介	0.128	0.000	0.150	0.000	0.059	0.093	0.057	0.109	0.058	0.098
专业网络媒介	0.126	0.000	0.121	0.000	0.144	0.000	0.146	0.000	0.145	0.000
知识学习阶段			0.159	0.000	0.155	0.000	0.152	0.000	0.130	0.000
产品类别			-0.057	0.009	-0.057	0.008	-0.057	0.009	-0.057	0.009
产品类别×泛化媒介					-0.142	0.000	-0.141	0.000	-0.140	0.000
产品类别×传统媒介					0.120	0.000	0.122	0.000	0.121	0.000
产品类别×专业媒介					-0.030	0.393	-0.035	0.331	-0.034	0.335
学习阶段×泛化媒介							-0.016	0.476	-0.009	0.809
学习阶段×传统媒介							-0.009	0.716	-0.052	0.150
学习阶段×专业媒介							0.076	0.002	0.075	0.002
产品×阶段×泛化媒介									-0.009	0.817
产品×阶段×传统媒介									0.063	0.085
产品×阶段×专业媒介									0.035	0.343
R^2	0.154		0.180		0.190		0.194		0.197	
Adjusted R^2	0.151		0.176		0.185		0.188		0.190	

三、产品类型在消费者知识形成过程中的调节作用

模型5中加入产品类别和三种信息媒介的交互项以及学习阶段、产品类型和信息媒介的交互项。数据结果显示产品类别和泛化媒介的使用频繁程度对消费者知识丰富程度存在负向交互影响（β = -0.140，p < 0.001）。本书参照 Irwin 和 McCleland（2001）以及 Spiller 等（2013）的建议使用 Spotlight 方法分

析泛化媒介对不同类型产品消费者知识形成的作用大小，数据结果显示泛化媒介对儿童玩具的消费者知识的影响作用更大（β=0.216，p<0.001），而对婴幼儿配方奶粉消费者知识的影响作用较小（β=0.083，p<0.001），如图5-1所示。

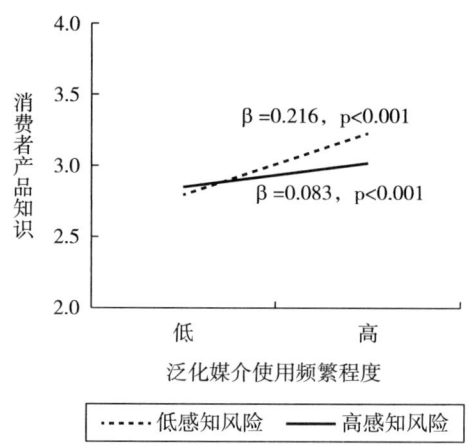

图5-1　泛化媒介对不同类型婴幼儿产品消费者知识形成的影响

相反，数据结果显示产品类别和传统媒介使用频繁程度对消费者知识丰富程度存在正向交互影响（β=0.121，p<0.001），即传统媒介对婴幼儿配方奶粉消费者知识形成的影响作用更大，而对婴幼儿玩具的消知识形成作用较小。Spotlight分析显示传统媒介对高感知风险的婴幼儿奶粉消费者知识正向影响显著（β=0.165，p<0.001），而传统媒介对低感知风险的婴幼儿玩具消费者知识的影响作用则不显著（β=0.038，p=0.11），如图5-2所示。

但是，产品感知风险大小和专业化媒介对消费者知识的交互影响不显著（β=-0.034，p=0.335），而专业化媒介对消费者知识的主效应影响仍旧正向显著（β=0.145，p<0.001）。

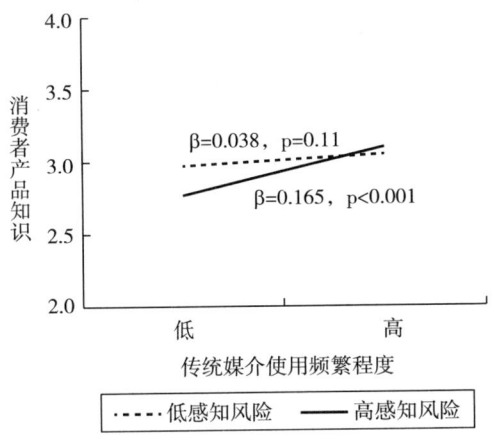

图 5-2 传统媒介对不同类型婴幼儿产品消费者知识形成的影响

四、学习阶段在消费者知识形成过程中的调节作用

在模型 5 中，在三种信息媒介和学习阶段的交互影响中，仅有专业化网络媒介和学习阶段的交互作用显著（$\beta = 0.075$，$p = 0.002$），表明随着学习阶段的不断提升，专业网络媒介对消费者知识形成的贡献作用不断增强。Spotlight 分析显示学习阶段越高，专业化媒介使用程度对消费者知识的正向影响更显著（$\beta = 0.151$，$p < 0.001$），而对于较早的学习阶段，专业媒介使用频繁程度对消费者知识不存在显著影响（$\beta = 0.047$，$p = 0.127$），如图 5-3 所示。

但是，传统媒介和泛化媒介对产品知识形成的作用并没有随学习阶段的变化而改变。具体而言，学习阶段和传统媒介对消费者产品知识不存在交互影响（$\beta = -0.009$，$p = 0.809$），学习阶段也没有调节泛化媒介对消费者产品知识的影响（$\beta = -0.052$，$p = 0.150$）。

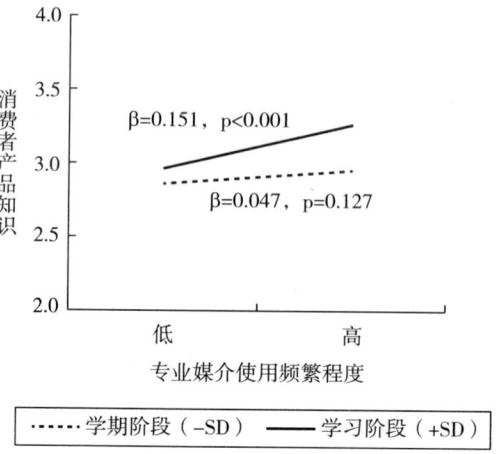

图 5-3 传统媒介对不同类型婴幼儿产品消费者知识形成的影响

五、消费者知识形成研究结果讨论

在当今互联网的广泛普及下,消费者获取产品信息的方式更加便捷、多样,本节实证检验了传统媒介、泛化网络媒介和专业网络媒介对消费者产品知识形成的影响,并检验了产品感知风险大小和学习时期的调节作用。

传统媒介、泛化网络媒介和专业网络媒介的使用频繁程度对消费者产品知识均存在显著的正向影响,这表明这些媒介渠道在消费者产品知识形成过程中均发挥着重要的作用。研究结果同时表明,泛化网络媒介对消费者产品知识的影响作用最大,这表明搜索引擎、微信微博推荐、门户网站等为消费者提供了更广泛的信息。本书认为泛化网络媒介相对传统媒介和专业化媒介对消费者产品知识获得的影响更大,可能源于泛化媒介包含信息的广泛性和消费者知识构成中一般知识占比更大这两方面的原因。而传统媒介无法提供海量广泛的产品信息,专业网络媒介传递的一般性知识相对较少。

研究同时发现，产品感知风险大小调节了泛化网络媒介和专业网络媒介对消费者产品知识形成的影响，但是调节作用对泛化网络媒介和专业网络媒介恰好相反。具体而言，泛化网络媒介对感知风险小的产品类别的消费知识的正向影响更大，专业化网络媒介对感知风险大的产品类别的消费知识的正向影响更大。这可能是因为感知风险小的产品类别，消费者更多地希望了解多样化的产品信息以追寻价值最大化和娱乐体验，如不同品牌、不同款式、不同设计风格的产品；但是对感知风险大的产品类别，消费者则希望了解更多专业化的产品信息以减少产品的功能风险、确保使用安全，如产品成分、不同成分的功能等。

数据结果表明学习阶段正向调节专业化媒介对消费者产品知识的积极影响。本书认为这是由于消费者对产品"专业性知识"的学习存在"规模效应"，即只有当消费者处于较高学习阶段，对产品知识有了一定的了解后，专业网络媒介提供的产品信息才更容易被消费者理解和学习，转化为消费者知识。此外，由于传统媒介和泛化网络媒介提供的多是一般性的产品信息，因此不存在学习阶段的调节作用。

最后，研究结果表明母亲的受教育程度对消费者产品知识具有重要影响，这可能是由于较高的学历有助于提升消费者的学习效率。母婴产品月支出正向影响消费者产品知识，而家庭收入对产品知识没有影响，本书认为这可能存在两个方面的原因：其一是更多的产品消费，使得消费者在消费使用中学习；其二是母婴产品月支出和消费者产品知识都是家庭（母亲）对婴幼儿关心的表现。

第三节 消费者知识和信息推荐代理对品牌忠诚影响的数据分析

一、变量的多重共线性检验

消费者获得的产品知识来自不同的信息媒介渠道，不同的信息媒介渠道可能相互影响，彼此之间存在较高的相关性，即造成信息媒介渠道变量的多重共线性问题，使模型估计不准确。为了检验研究变量间的多重共线性问题，本章通过变量间的相关性和方差膨胀因子进行判断。数据结果显示研究变量间的相关系数均小于0.55，表明不存在较高的相关性；同时方差膨胀因子均小于2，VIF值在10以内，即不存在多重共线性问题。因此，通过相关性和方差膨胀因子判断，研究变量间不存在多重共线性问题，具体如表5-6和表5-7所示。

表5-6 变量间相关关系分析

	产品知识	信息搜寻倾向	品牌忠诚度	推荐代理认知价值	推荐代理情感信任
产品知识	1				
信息搜寻倾向	-0.025	1			
品牌忠诚度	0.251**	-0.095**	1		
推荐代理认知价值	0.199**	0.138**	0.087**	1	
情感信任	0.266**	0.048*	0.041	0.312**	1

注：*表示 $p<0.05$，**表示 $p<0.01$。

第五章 实证检验和数据结果分析

表 5-7 方差膨胀因子的多重共线性检验

模型1	共线性检验	
	容差	方差膨胀因子
常量		
产品知识	0.911	1.097
信息搜寻倾向	0.978	1.023
推荐代理认知价值	0.872	1.147
推荐代理情感信任	0.859	1.164

二、消费者知识对品牌忠诚度的影响

本章主要使用多元回归检验消费者知识、信息推荐代理对品牌忠诚度的影响以及产品感知风险大小的调节作用。在进行回归分析前,本章对消费者知识、信息推荐功能价值感知、信任价值、价值感知以及品牌忠诚度进行了标准化处理,产品感知风险使用分类变量编码,0 为低感知风险的婴幼儿玩具,1 为高感知风险的婴幼儿奶粉。表 5-8 回归结果表明相对于其他模型,加入所有自变量和产品类别以及自变量交互项的模型 5 具有较好的解释力(R^2 = 0.135),因此本章基于模型 5 进行数据分析和结果讨论。

表 5-8 消费者知识、推荐代理和产品类型对品牌忠诚度的影响

	模型1		模型2		模型3		模型4		模型5	
	β	p	β	p	β	p	β	p	β	p
受教育程度	0.073	0.005	0.071	0.006	0.070	0.006	0.074	0.003	0.070	0.005
母亲年龄	0.055	0.028	0.059	0.019	0.060	0.016	0.062	0.013	0.061	0.013
目前工作状况	-0.005	0.831	-0.006	0.807	-0.004	0.860	-0.005	0.836	-0.004	0.865
家庭月收入	0.066	0.008	0.069	0.005	0.070	0.005	0.071	0.004	0.071	0.004
母婴产品月支出	0.016	0.492	0.013	0.590	0.012	0.515	0.009	0.699	0.012	0.603

· 101 ·

续表

	模型1		模型2		模型3		模型4		模型5	
	β	p	β	p	β	p	β	p	β	p
婴幼儿年龄	0.031	0.199	0.027	0.248	0.032	0.185	0.028	0.236	0.022	0.349
产品类别	-0.124	0.000	-0.121	0.000	-0.143	0.000	-2.033	0.000	-2.13	0.000
消费者知识	0.232	0.000	-0.373	0.006	-0.349	0.010	0.269	0.122	0.285	0.101
消费者知识二次项			0.614	0.000	0.574	0.000	-0.034	0.847	-0.076	0.665
推荐代理认知价值					0.026	0.282	0.021	0.347	0.007	0.823
推荐代理情感信任					0.039	0.183	0.037	0.204	0.122	0.001
产品类别×消费者知识							-1.061	0.000	-1.063	0.000
产品类别×消费者知识二次项							2.164	0.000	2.291	0.000
产品类别×推荐认知价值									0.028	0.391
产品类别×推荐情感信任									-0.127	0.000
R^2	0.101		0.111		0.113		0.129		0.135	
Adjusted R^2	0.097		0.107		0.108		0.122		0.128	

（一）产品知识和产品感知风险对品牌忠诚度的交互影响

模型5数据结果显示产品类别对品牌忠诚度产生显著影响（β=-2.13，p<0.001），消费者对高感知风险的婴幼儿奶粉的品牌忠诚度显著低于低感知风险的婴幼儿玩具。消费者产品知识（β=0.285，p=0.101）和消费者产品知识二次项（β=-0.076，p=0.665）对品牌忠诚度均没有显著影响，但是产品类别和消费者产品知识的交互项（β=-1.063，p<0.001），以及产品类别和消费者知识二次项的交互项（β=2.291，p<0.001）对品牌忠诚度均产生显著影响，这表明对于高、低感知风险的产品，消费者知识和品牌忠诚度存在不同的线性或二次曲线关系。

本章进一步区分婴幼儿奶粉和玩具，分别检验了产品知识对它们品牌忠诚度影响的线性或二次曲线关系，如图5-4所示。对于婴幼儿奶粉而言，曲线拟合模型表明相比消费者知识和品牌忠诚间的线性关系（$R^2 = 0.043$），二次曲线的解释力更好（$R^2 = 0.086$），参见表 5–9。以消费者产品知识、消费者产品知识二次项、推荐代理功能价值和信任价值为自变量，以母亲受教育程度、母亲年龄、母亲目前工作状况、家庭月收入、母婴产品月支出、婴幼儿年龄为控制变量，对品牌忠诚进行多元线性回归，表 5–11 中的数据结果显示消费者知识（$\beta = -1.142$，$p < 0.001$）和消费者知识二次项（$\beta = 1.351$，$p < 0.001$）均对品牌忠诚度存在显著影响，其中一次项系数为负，二次项系数为正，这表明对于高感知风险的婴幼儿奶粉，消费者知识对品牌忠诚度的确存在先降低后上升的影响。

表 5–9 婴幼儿奶粉产品类别，消费者知识对品牌忠诚度影响的拟合曲线

方程	模型拟合					参数估计		
	R^2	F	df1	df2	Sig.	Constant	b1	b2
线性	0.043	38.117	1	849	0.000	3.148	0.237***	
二次曲线	0.086	39.811	2	848	0.000	5.639	-1.265***	0.218***

对于低感知风险的婴幼儿玩具，消费者产品知识和品牌忠诚度的曲线拟合模型表明二次拟合的解释力度（$R^2 = 0.096$）相比线性拟合（$R^2 = 0.096$）并没有显著提升，同时回归模型估计的二次项系数并不显著，表明消费者产品知识和品牌忠诚度之间为线性关系，参见表 5–10。

表 5–10 婴幼儿玩具产品类别，消费者知识对品牌忠诚度影响的拟合曲线

方程	模型拟合					参数估计		
	R^2	F	df1	df2	Sig.	Constant	b1	b2
线性	0.096	103.576	1	978	0.000	3.201	0.270***	
二次曲线	0.096	51.736	2	977	0.000	3.195	0.273***	-0.001

因此,与婴幼儿奶粉的回归模型不同,婴幼儿玩具的回归模型不包含产品知识二次项,表5-11呈现了消费者知识、信息推荐代理对婴幼儿玩具的回归结果。数据结果显示消费者知识(β=0.237,p<0.001)对品牌忠诚度存在显著正向影响,表明对于低感知风险的婴幼儿玩具而言,消费者知识越丰富,品牌忠诚度越高。

表5-11 不同产品类别,消费者知识和信息推荐代理对品牌忠诚度影响的回归分析

	婴幼儿奶粉的回归模型				婴幼儿玩具的回归模型			
	品牌忠诚度		信息搜寻倾向		品牌忠诚度		信息搜寻倾向	
	β	p	β	p	β	p	β	p
受教育程度	0.016	0.677	0.135	0.000	0.130	0.000	0.067	0.047
母亲年龄	0.053	0.158	-0.028	0.419	0.071	0.030	0.002	0.953
目前工作状况	-0.037	0.319	-0.001	0.973	0.027	0.389	0.007	0.826
家庭月收入	0.030	0.417	0.030	0.380	0.119	0.000	0.023	0.474
母婴产品月支出	0.001	0.970	0.005	0.880	0.025	0.424	0.022	0.488
婴幼儿年龄	0.020	0.572	-0.039	0.236	0.032	0.312	-0.056	0.074
消费者知识	-1.142	0.000	2.079	0.000	0.237	0.000	-0.153	0.000
消费者知识二次项	1.351	0.000	-2.411	0.000				
推荐代理认知价值	0.045	0.217	0.047	0.162	0.011	0.723	0.248	0.000
推荐代理情感信任	-0.066	0.071	0.144	0.000	0.120	0.000	0.092	0.006
R^2	0.101		0.242		0.166		0.149	
Adjusted R^2	0.090		0.233		0.158		0.141	

(二)信息搜寻倾向对消费者知识与品牌忠诚度之间关系的中介作用

由于消费者知识和品牌忠诚度间的关系对不同的产品类型存在线性和二次曲线的差异,因此对于信息搜寻倾向中介效应的检验,本章将区分婴幼儿奶粉和婴幼儿玩具,分别进行中介检验,如图5-4所示。

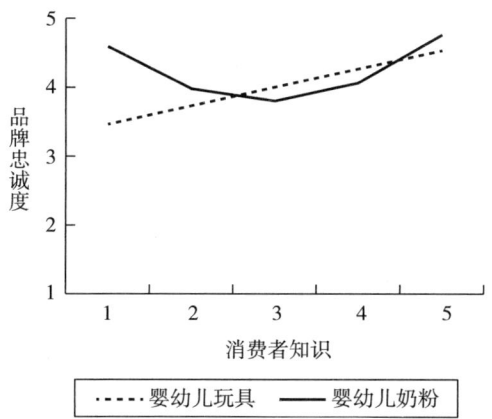

图 5-4 对于不同产品回归估计的消费者知识和品牌忠诚度关系

对于婴幼儿奶粉,表 5-11 中的数据结果显示产品知识一次项对信息搜寻倾向影响显著且为正（$\beta = 2.079$，$p < 0.001$），同时产品知识二次项对信息搜寻倾向影响显著且为负（$\beta = -2.411$，$p < 0.001$），表明消费者知识对信息搜寻倾向存在倒 U 型的影响关系，即随着消费者产品知识的增加，消费者信息搜寻倾向先提高后降低。这与消费者知识和品牌忠诚度之间的 U 型关系恰好相反。本章进一步使用 Bootstrap 方法检验了信息搜寻倾向在产品知识和品牌忠诚度 U 型关系间的中介作用。参照 Hayes 和 Preacher（2010）提出的非线性关系下中介效应的检验方法，样本量选择 10000，设定消费者知识和信息搜寻倾向为二次曲线关系，产品知识和品牌忠诚度为二次曲线关系，信息搜寻倾向和品牌忠诚度为线性关系，95% 置信区间下数据结果显示，在消费者知识的低、中、高三个水平，信息搜寻倾向中介效应的估计区间均不包含 0，表明信息搜寻倾向中介了消费者知识和品牌忠诚度之间的曲线关系，如表 5-12 所示。

表5-12 婴幼儿奶粉类别，信息搜寻倾向中介效应的检验

消费者知识水平	中介效应估计	标准误	估计区间（LLCI，ULCI）
2.7109	-0.0567	0.0217	(-0.1111，-0.0249)
3.3718	0.0620	0.0153	(0.0362，0.0971)
4.0327	0.1808	0.0340	(0.1178，0.2533)

对于婴幼儿玩具，表5-11中的数据结果表明产品知识负向影响信息搜寻倾向（β=-0.153，p<0.001），表明对于低感知风险的婴幼儿玩具，消费者知识越丰富信息搜寻倾向越低。参照陈瑞等（2014）的建议，本章进一步采用Bootstrap方法检验了信息搜寻倾向的中介作用，选择模型4，样本量设为5000，在95%置信区间下，信息搜寻倾向中介调节产品知识和品牌忠诚度间的线性关系，中介效应大小为0.0245，估计区间不包含0（LLCI=0.0118，ULCI=0.0418），如图5-5所示。

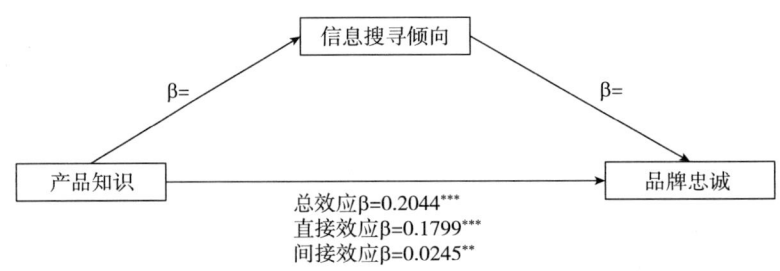

图5-5 婴幼儿玩具产品，信息搜寻倾向的中介作用

三、信息推荐代理和产品感知风险对品牌忠诚度的交互影响

在表5-8中，模型5的总体回归结果显示推荐代理的功能价值对品牌忠

诚度没有显著影响（β=0.007，p=0.823），同时产品类别和推荐代理的功能价值对品牌忠诚度不存在交互影响（β=0.028，p=0.391）。但是推荐代理的情感信任价值对品牌忠诚度存在显著的正向影响（β=0.122，p=0.001），并且产品类别和信息推荐代理情感信任对品牌忠诚度存在交互影响（β=-0.127，p<0.001），如图5-6所示。

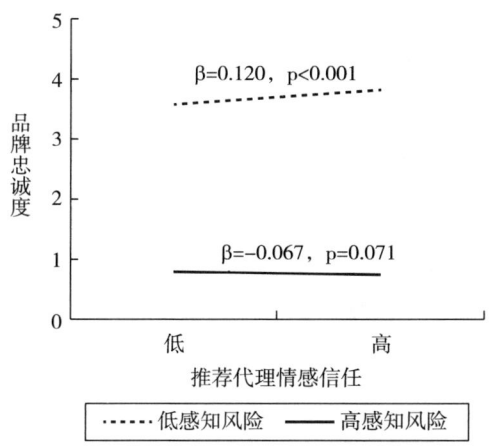

图5-6 推荐代理情感信任和产品类型对品牌忠诚度的交互影响

进一步区分高感知风险的婴幼儿奶粉和低感知风险的婴幼儿玩具，进行回归分析。表5-11数据结果显示，对于婴幼儿奶粉，推荐代理的功能价值并不影响其品牌忠诚度（β=0.045，p=0.217），推荐代理的情感价值对品牌忠诚度存在边际显著的负面影响（β=-0.066，p=0.071）。对于婴幼儿玩具，推荐代理的功能价值没有对品牌忠诚度产生显著影响（β=0.011，p=0.723），但是推荐代理的情感价值显著正向影响品牌忠诚度（β=0.120，p<0.001）。

四、消费者知识和信息推荐代理对品牌忠诚度研究发现的讨论

如同 Ratchford（2001）提出的消费者知识为消费者内部的信息资本，我们可以将信息推荐代理类似地看做消费者的外部信息资本，本书因此综合探讨了作为内部信息资本的消费者知识，以及外部信息资本的信息推荐代理对品牌忠诚度的影响。

本研究发现消费者知识对品牌忠诚度的影响受到产品感知风险大小的调节干扰。对于低感知风险的产品，消费者产品知识越丰富，其品牌忠诚度越高；但对于高感知风险的产品，消费者知识和品牌忠诚度之间呈 U 型关系：品牌忠诚度随着消费者知识的不断丰富先降低后上升。消费者的信息搜寻倾向中介了消费者知识对品牌忠诚度的影响。本书认为对于高感知风险的产品，缺乏知识的消费者和知识丰富的消费者都不会进行广泛的信息探索、扩大选择集，而是坚持他人推荐或者自己偏好的选择项。但是对于中等产品知识丰富程度的消费者来说，他们比那些缺乏产品知识的消费者会更多依赖自己的经验进行备选产品搜寻和比较；相对于那些产品知识丰富的消费者，他们又缺乏稳定的偏好，因此会形成较多的品牌转换和较低的品牌忠诚度。

此外，本书发现作为"外部知识"的信息推荐代理对品牌忠诚度存在一定的影响：信息推荐代理的情感信任价值正向影响品牌忠诚度，但是其认知价值对品牌忠诚度不存在显著影响。产品感知风险大小调节了信息推荐代理情感信任价值对品牌忠诚度的影响：对于低感知风险的产品，信息推荐代理的情感信任价值显著正向影响品牌忠诚度，但是对于高感知风险的产品，信息推荐代理的情感信任价值甚至边际显著地负向影响品牌忠诚度。信息推荐代理对品牌忠诚度的研究发现表明，尽管消费者普遍使用信息推荐代理，并且认识到信息推荐代理具备的功能价值（节约精力，提供丰富的产品信息等），但是这些认

知并不会形成品牌忠诚度,只有产生对信息推荐代理的情感信任,才能够形成一定的品牌忠诚度。但是在高感知风险情况下,消费者仍旧可能回避信息推荐代理提供的决策建议,自己确定消费选择。

本章小结

本章通过实证研究对本书提出的理论模型和研究假设进行了检验。首先,本章检验了量表的信度和效度,确定本书使用的量表具有理想的信度和效度;其次,本章通过多步回归分析探讨了信息媒介对消费者产品知识的影响以及产品感知风险大小、学习阶段在其中发挥的调节作用;最后,本章检验了产品知识和信息推荐代理对品牌忠诚度的影响,同时分析了产品类型的调节作用。此外还验证了信息搜寻倾向在产品知识对品牌忠诚度影响中的调节作用。相关研究假设的验证支持情况如表 5-13 所示。

表 5-13　研究假设验证结果

假设	假设描述	结论
H3-1a	一般化网络媒介使用越频繁,消费者产品知识越丰富	支持
H3-1b	专业化网络媒介使用越频繁,消费者产品知识越丰富	支持
H3-1c	传统媒介使用越频繁,消费者产品知识越丰富	支持
H3-2a	学习时期负向调节一般化网络媒介使用频繁程度对消费者产品知识形成的正向影响	不支持
H3-2b	学习时期正向调节专业化网络媒介使用频繁程度对消费者产品知识形成的正向影响	支持
H3-2c	学习时期负向调节传统媒介使用频繁程度对消费者产品知识形成的正向影响	不支持
H3-3a	对于感知风险高的产品(vs. 感知风险较低的产品),一般化网络媒介使用频繁程度对消费者产品知识形成的正向影响更强	支持
H3-3b	对于感知风险高的产品(vs. 感知风险较低的产品),专业化网络媒介使用频繁程度对消费者产品知识形成的正向影响更强	不支持

续表

假设	假设描述	结论
H3-3c	对于感知风险高的产品（vs. 感知风险较低的产品），传统媒介使用频繁程度对消费者产品知识形成的正向影响更强	支持
H3-4	对于高感知风险的产品，消费者产品知识对品牌忠诚度的影响呈 U 型关系	支持
H3-5	对于低感知风险的产品，消费者产品知识对品牌忠诚度呈现正向影响	支持
H3-6	信息搜寻倾向作为中介变量调节了产品知识对品牌忠诚度的影响	支持
H3-7	消费者对推荐代理的积极态度正向影响品牌忠诚度	—
H3-7a	消费者对推荐代理的认知价值越高，品牌忠诚度越强	不支持
H3-7b	消费者对推荐代理的情感信任越高，品牌忠诚度越强	支持
H3-8	消费者关于推荐代理的积极态度对品牌忠诚度的正向影响对感知风险高（vs. 感知风险低）的产品的作用更加明显	—
H3-8a	产品风险大小调节信息推荐代理的功能价值对品牌忠诚度有积极影响	不支持
H3-8b	产品风险大小调节信息推荐代理的情感信任价值对品牌忠诚度有积极影响	不支持

第六章　结论和讨论

本章主要基于理论部分的探讨和本书的实证研究，总结主要的研究结论、探讨创新点和研究意义，同时讨论本书的不足之处，提出可能的未来研究方向。

第一节　结论

互联网的迅速发展不仅推动了电子商务、网络购物等交易模式的改变，还影响到消费者的信息获取，使得消费者能够更为便捷地获得丰富的产品信息，因此消费者产品知识的形成也更为容易，但是信息媒介的复杂性对消费者知识形成的影响较为复杂。此外，丰富产品知识一方面成为消费者自身的资本，形成较为稳定的偏好；另一方面消费者产品知识影响消费者决策过程中的信息搜寻，进而可能导致品牌转换。又鉴于信息媒介的多样性和复杂性以及以往研究中关于消费者产品知识和品牌忠诚度不一致的发现，本书选择母婴产品市场为研究对象，探索信息媒介对消费者产品知识形成过程的影响以及产品知识对品牌忠诚度的影响、机制和调节因素。

一、信息媒介对消费者产品知识形成影响的主要结论

一是在消费者认知中存在三类信息媒介：传统线下媒介、泛化网络媒介和专业网络媒介。本书首先通过预调查了解婴幼儿母亲主要接触使用的信息媒介渠道，之后对于正式调查获得的数据进行聚类分析和因子分析，发现调查样本认知中存在三类信息媒介，本书根据各类别信息媒介包含的内容，将它们定义为传统线下媒介、泛化网络媒介和专业网络媒介。传统线下媒介是指线下的信息媒介，如电视广告、楼宇广告、杂志广告、商场促销等，消费者与这类媒介的接触多是被动地获得信息。专业网络媒介是指专门针对母婴产品市场的网络媒介，提供全面、深入的母婴相关需求信息、产品，婴幼儿母亲往往对这一类媒介具有较高的卷入度，专业的网络媒介包括垂直育儿网站、品牌客户端、母婴APP等。泛化网络媒介则是相对专业的网络媒介平台，这些网络媒介可能会推送母婴产品知识给一般消费者，或者婴幼儿母亲在有特定需求的时候通过搜索引擎检索产品信息，这类网络媒介往往提供给消费者更丰富的产品信息。

二是三类信息媒介对消费者产品知识形成的影响作用。本书通过对1954名婴幼儿母亲进行问卷调查，了解其信息媒介的使用频率和特定类别产品的消费者知识，通过数据分析发现泛化网络媒介和专业网络媒介的使用频繁程度均正向影响消费者产品知识，同时泛化网络媒介对产品知识形成的贡献作用大于专业网络媒介，这可能是因为泛化网络媒介为消费者提供的信息更加便捷、丰富，贡献了消费者产品知识的主要部分，而专业网络媒介则提供更为深入的产品信息，对产品知识专业部分贡献较大，但是总量较小。传统线下媒介的接触频繁程度对消费者产品知识仅存在边际显著的影响，这可能因为消费者对传统线下媒介的接触往往是被动的，例如电视广告、楼宇广告等，并且从这些媒介渠道获得的信息没有足够的深度，往往是品牌名称、品牌形象之类的信息，对

婴幼儿母亲的影响仅停留在被知晓的层面。

三是产品类别对信息媒介和产品知识间关系的调节作用。本书通过前测选定了分别代表高感知风险产品和低感知风险产品的婴幼儿配方奶粉和婴幼儿玩具,检验三种信息媒介对不同类别产品的消费者知识的形成是否存在差异性的影响。研究发现泛化网络媒介和传统线下媒介对产品知识形成的影响均存在产品类别的差异,具体而言,泛化的网络媒介对低感知风险的婴幼儿玩具（vs. 高感知风险的婴儿配方奶粉）的正向影响作用更大,这可能是因为对高感知风险的婴儿配方奶粉来说,婴幼儿母亲不太容易相信、认可网络中充斥的复杂信息,因此造成泛化网络媒介对高感知风险产品的影响较弱。该推测同样可以解释传统网络媒介对消费者知识形成影响的产品类型的作用差异:传统网络媒介对高感知风险的婴幼儿配方奶粉（vs. 低感知风险的婴幼儿玩具）的影响作用更大；传统网络媒介（电视广告、杂志广告）往往提供的产品信息更加可靠,因此对婴幼儿母亲产品知识形成的影响显著。最后,专业化网络媒介对消费者知识形成的影响不存在产品类型的差异,这可能是由于专业化网络媒介提供的产品信息在数量和深度上都具有较大的优势,因此被认为是可信任的和有价值的信息源。

四是产品知识学习时期阶段对信息媒介和产品知识间关系的调节作用。本书以婴幼儿年龄衡量学习时期阶段,进而检验了学习阶段的调节作用,这有助于理解消费者在产品知识学习过程中信息媒介渠道的迁徙。研究发现只有专业媒介和学习时期阶段对消费者产品知识影响的交互作用显著,即专业网络媒介对产品知识的正向影响在消费者学习阶段的后期作用更加显著,这表明消费者卷入专业媒介、对专业媒介提供的深度信息的了解掌握需要一定的时间和知识的积累。然而,泛化网络媒介和传统网络媒介对消费者产品知识的影响并不随学习时期而发生变化。

二、消费者产品知识和推荐代理对品牌忠诚度的影响

一是消费者产品知识对品牌忠诚度的影响存在产品类别的差异。以往研究发现消费者产品知识对品牌忠诚度既可能存在正向影响又可能产生负面影响,本书基于消费决策过程的视角,提出消费者知识的主要作用在于降低消费决策的不确定性和风险,进而影响到信息搜寻,最终影响品牌忠诚。本书研究发现对于低感知风险的婴幼儿玩具,产品知识和品牌忠诚度呈现正向关系,即消费者产品知识越丰富,其品牌忠诚度越高。这可能是因为消费者在产品知识丰富的情况下,对消费决策结果也更加自信,同时没有其他更多的因素(如产品风险)促使其转换选择其他品牌,因此丰富的产品知识会带来较高的品牌忠诚度。但是,对于高感知风险的产品,品牌忠诚度随产品知识不断丰富呈现出倒 U 型的变化趋势,即随着产品知识的丰富,消费者忠诚度先降低后提高。对于高感知风险的产品来说,消费者在产品知识缺乏的情况下主要考虑从亲人、朋友等处寻求选择建议或者依据品牌声誉进行决策,因而在确定了某一款品牌后,不太会进行品牌转换,所以对品牌保持了较高的忠诚度;随着消费者产品知识的丰富,消费者开始利用个人知识、广泛的信息搜寻以寻求更优的决策方案,因而品牌忠诚度降低;最后当消费者具有了更为系统、专业的知识后,他们可以明确自信地判断最优的品牌产品,因而保持较高的品牌忠诚度。

二是信息搜寻倾向作为中介变量调节了产品知识和品牌忠诚度之间的关系。在产品感知风险较高的情况下,消费者决策的一个重要考虑是降低消费的不确定性:对于产品知识非常少的消费者,他们主要通过他人建议和品牌声誉等选择品牌,避免品牌转换,信息搜寻倾向也较低;对于产品知识非常丰富、专业的消费者,他们依赖个人的经验可以找到满意可靠的品牌,因此较少进行品牌转换,信息搜寻倾向也较低;但是对于产品知识处于中等水平的消费者,

他们拥有一定的产品知识,保证了对自己决策结果的自信,但知识的有限性又促使他们进行信息搜寻以降低消费的不确定性,进而导致更多的品牌转换,较低的品牌忠诚。

三是推荐代理情感信任对品牌忠诚度存在正向影响,同时受产品类别的调节作用。消费者对推荐代理存在两个方面的价值感知:认知价值和情感信任。研究发现情感信任正向影响品牌忠诚,即消费者对推荐代理的情感信任程度越高,其品牌忠诚度越高,而推荐代理的认知价值对品牌忠诚度没有显著影响。这表明若没有情感信任,推荐代理仅仅在消费者决策过程中扮演信息源的作用,不能为消费者带来满意和忠诚的决策结果。此外,对于高感知风险的产品来说,推荐代理情感信任对品牌忠诚产生负向影响,这可能是由于高感知风险产品的消费者的信息搜寻倾向会导致消费者对前一次因信任推荐代理进行的消费决策满意度降低,最终表现为对于高感知风险产品来说,推荐代理情感信任和品牌忠诚间的负向关系。

第二节 创新点

消费者产品知识是消费者关于消费过程具备的内在资本,对消费决策具有重要意义,本书系统探讨了消费者产品知识的形成及其对消费决策后品牌忠诚度的影响,对相关理论具有一定的价值。

第一,本书首次探讨了信息媒介对产品知识形成的影响。以往研究主要关于产品知识对消费决策结果的影响以及产品知识作为调节变量影响消费决策过程,现有研究探讨的是消费者知识的形成过程。本书研究发现互联网丰富和复杂的信息背景导致消费者形成了类别化的媒介认识,并且不同信息媒介在产品知识形成过程中扮演的作用不同。同时对于不同类别的产品而言,信息媒介渠道的影响不同。

第二，本书较为科学、严谨地定义了产品知识学习过程的起点和学习时期阶段的衡量，这也是本书探索消费者产品知识形成过程的关键点。对于消费者知识形成过程研究的一个关键问题在于界定消费者对某一类产品知识学习的起点和学习的时间长度，因为研究者较难客观地界定消费者在哪一个时间点开始接触、学习某一个产品类别，即使是新产品，消费者以往应该也接触或了解过相关产品，学习起点的模糊导致学习时间长度难以界定。本书选取母婴产品市场作为研究对象，以怀孕作为产品知识的起点，婴幼儿年龄作为学习时期阶段，这是由于在怀孕之前，消费者很少接触到婴幼儿相关的产品知识，只有怀孕、生育孩子后，才会集中进行相关知识的学习。

第三，本书整合协调了以往研究关于产品知识和品牌忠诚度不一致的研究结论，发现产品感知风险大小可以调节产品知识和品牌忠诚度之间的关系。以往研究基于不同的视角，选择不同产品作为研究对象，理论推测或发现了产品知识和品牌忠诚度之间关系的不一致结论。本书基于降低决策不确定性的视角，发现并提出：对于高感知风险的产品来说，缺乏知识和知识丰富都会形成稳定的消费偏好，而在中等知识情况下，则存在因不确定性导致的品牌转换；对于低感知风险的产品而言，知识的增加可以提升品牌偏好的稳定性，提高品牌忠诚度。

第四，本书首次探讨了网络推荐代理对品牌忠诚度的影响。本书将消费者对网络推荐代理的认识细化为认知价值和情感信任，发现只有情感信任对品牌忠诚度存在正向影响，但会受到产品感知风险的调节。

第三节 实践启示

本书的研究发现对于企业信息媒介选择和品牌忠诚培育具有一定的营销管理启示。

第一，企业可以有选择地使用信息媒介渠道培育消费者产品知识，泛化的网络媒介（如搜索引擎推广、微信推送、门户网站）可能对费者产品知识形成的影响作用更大，它们往往提供了更广泛、深入的产品和购买信息，消费者接触这类媒介也更为便捷。

第二，营销部门需要依据消费者处于的学习阶段选择适当的信息媒介推送产品信息，在学习阶段后期，选择专业网络媒介渠道向消费者推送产品信息，更有助于消费者产品知识的形成，这也反映了消费者在学习阶段后期对专业网络媒介的卷入度更高。

第三，企业在媒介选择过程中需要考虑产品类型。对于高感知风险的产品，传统媒介渠道往往被认为信息源和信息内容都更加可靠真实，因此对于高感知风险的产品，企业可以考虑有所侧重地选择传统媒介渠道。对于低感知风险的产品，消费者往往追求丰富、多样化的产品功能信息，因此企业可以通过微信、搜索引擎等泛化媒介推送内容丰富的产品和消费信息。

第四，本书的发现对企业在消费者品牌忠诚度培育过程中需要考虑消费者产品知识的复杂性具有重要启示。对于高感知风险的产品，需要注意处于中等产品知识水平的消费者较强的信息搜寻意愿和品牌转换倾向，企业可以考虑针对该消费者群体制定品牌忠诚度培育方案，减少该类消费群体的品牌转换。而对于一些弱势品牌或者新品牌，向中等产品知识的消费者进行产品信息推送，可能更容易吸引该类消费者群体。

第五，网络推荐代理需要注重培育消费者感知到的情感信任价值，只有情感信任价值能够对品牌忠诚产生正向影响。情感信任的培育可以考虑倾听消费者的反馈、避免使用强烈的推荐语气、尽量使用委婉的建议用语等。

第四节　未来研究展望

本书选择了母婴产品市场作为研究对象，探讨了产品知识形成及产品知识与品牌忠诚度之间的关系，通过理论论述和较大样本的调查、数据分析对本书的理论假设进行了检验，但是本书仍然存在一些不足和有待未来研究的方向。

首先，针对母婴产品市场的研究发现是否能够一般化到广泛的商品市场还存在疑问。尽管母婴产品市场对本书界定学习时期阶段等具有一定的优点，但是母婴产品市场具有一定的特殊性：其一，购买决策是为他人（婴幼儿）做出的，尽管母亲和婴幼儿之间是非常亲近的距离，但是母亲为婴幼儿购买产品仍不能严格等同于为自己购买产品；其二，购买者缺乏直接的消费体验，母亲并不能直接感受到使用产品带来的功能效用、乐趣等，而婴幼儿往往不能或者不会清晰地表达，因此对于产品使用满意度的判断可能会产生误差，进而影响后续的购买决策和品牌忠诚度，对本书的结论造成干扰。未来研究可以考虑选取不同的产品市场检验本书的理论框架和研究假设。

其次，本书选择不同的产品衡量感知风险，对感知风险的测量是客观的。但是客观的衡量方法可能存在一些弊端，给研究结果带来其他可能的解释，例如本书选取婴幼儿玩具和婴幼儿配方奶粉对照低、高感知风险产品，但是这两个产品在功能属性方面还存在差异，玩具属于娱乐性产品，而奶粉则是基本需求的产品。未来研究可以考虑测量消费者对特定产品主观感知风险，以检验感知风险的调节作用，避免使用不同产品带来的其他可能解释。

再次，本书对低感知风险产品的产品知识对品牌忠诚度的影响缺乏深入的理论机制探讨。尽管本书发现对于低感知风险的产品，信息搜寻倾向同样影响产品知识和品牌忠诚度之间的关系，但是这一中介作用较弱，仍有可能存在其他重要的中介变量，未来研究需要进一步的理论探索和实证检验。

最后，互联网环境下产品信息的复杂性催生了推荐代理，推荐代理与消费者依据自身知识进行产品购买决策恰好对应，但是本书并未深入探讨推荐代理对品牌忠诚度的影响机制，这是由于本书聚焦在产品知识对品牌忠诚度的影响，未来研究可以对此进行更为深入的探索检验。

参考文献

[1] 陈明亮,章晶晶. 网络口碑再传播意愿影响因素的实证研究 [J]. 浙江大学学报(人文社会科学版),2008,38(5):127-135.

[2] 陈明亮,蔡日梅. 电子商务中产品推荐代理对消费者购买决策的影响 [J]. 浙江大学学报,2009(3):29-35.

[3] 陈瑞,郑毓煌,刘文静. 中介效应分析:原理、程序、Bootstrap方法及其应用 [J]. 营销科学学报,2013,9(4):120-135.

[4] 戴德宝,刘西洋,范体军. "互联网+"时代网络个性化推荐采纳意愿影响因素研究 [J]. 中国软科学,2015(8):163-172.

[5] 范秀成,杜建刚. 服务质量五维度对服务满意及服务忠诚的影响——基于转型期间中国服务业的一项实证研究 [J]. 管理世界,2006(6):111-118.

[6] 高钢. 多网融合趋势下信息集散模式的改变 [J]. 国际新闻界,2011,33(10):6-15.

[7] 郭朝阳,陈畅. 代际影响在消费者社会化中的作用——以我国城市母女消费者为例 [J]. 经济管理,2007(8):40-48.

[8] 黄劲松,赵平,王高,陆奇斌. 中国顾客重复购买意向的多水平研究 [J]. 管理科学学报,2004,7(6).

[9] 黄敏学,廖俊云,周南. 社区体验能提升消费者的品牌忠诚吗——

不同体验成分的作用与影响机制研究［J］．南开管理评论，2015，18（3）：151－160．

［10］黄敏学，周学春，王长征．顾客越专业就越不忠诚吗——基于基金投资者顾客专业度悖论的实证研究［J］．南开管理评论，2014（1）：105－112．

［11］计建，陈小平．品牌忠诚度行为——情感模型初探［J］．外国经济与管理，1999（1）：27－30．

［12］姬玮．母婴产品的网络营销策略研究［D］．山东师范大学硕士学位论文，2014．

［13］井淼，张梦远，王方华．产品伤害危机中信息来源对消费者购买决策的影响［J］．系统管理学报，2013（1）：53－59．

［14］李纯青，赵平，马军平．零售业回报计划感知价值对客户忠诚的影响［J］．管理科学学报，2007，10（4）：90－96．

［15］李东进．关于我国消费者搜寻信息努力的实证研究［J］．南开学报（哲学社会科学版），2001（2）：30－35．

［16］李先国，段祥昆．转换成本、顾客满意与顾客忠诚：基于移动通信客户行为的研究［J］．中国软科学，2011（4）：154－160．

［17］李晓，夏杉珊，王明宇．我国母婴电商的发展现状与前景分析［J］．中国商论，2016（36）：151－152．

［18］刘菁．移动互联网背景下母婴杂志发展策略［J］．出版参考，2015（15）：17．

［19］马宝龙，李金林，李纯青等．回报计划感知价值及其与计划忠诚和品牌忠诚的关系研究［J］．南开管理评论，2006（9）：44－51．

［20］孙春华，刘业政．网络口碑信息可信度的实验研究［J］．财经论丛，2009（4）：96－102．

[21] 孙玮,陈洁,吴蓉. 在线渠道消费者知识和感知对信息搜索效果的影响研究 [J]. 南京理工大学学报,2009 (22): 32-42.

[22] 王强,陈荣. 积分促销效果的影响因素及其相互作用 [J]. 中国软科学,2009 (5): 147-159.

[23] 王婉,吴泗宗. 基于产品购买的消费者先验知识研究评述 [J]. 新疆大学学报 (哲学人文社会科学版),2012,40 (1): 25-28.

[24] 徐茵,王高,赵平. 质量属性变化对满意与忠诚关系的调节作用 [J]. 南开管理评论,2013 (16): 114-123.

[25] 于春玲,赵平. 如何使企业的忠诚顾客计划更有效? [J]. 市场营销导刊,2003 (2): 34-36.

[26] 于娜. 网络媒介与传统媒介政治功能的比较分析 [D]. 吉林大学硕士学位论文,2008.

[27] 赵定涛,陈世吉. 品牌忠诚度——利润模型与品牌策略矩阵分析 [J]. 科技进步与对策,2004,21 (8): 166-168.

[28] 庄贵军,周南,李福安. 情境因素对于顾客购买决策的影响 (一个初步的研究) [J]. 数理统计与管理,2004,23 (4): 7-13.

[29] 中国互联网情况发展报告 [R]. 中国互联网络信息中心,2015.

[30] 邹德强,王高,赵平,等. 功能性价值和象征性价值对品牌忠诚的影响: 性别差异和品牌差异的调节作用 [J]. 南开管理评论,2007,10 (3): 4-12.

[31] 邹德强,赵平,李飞. 顾客满意与忠诚的非线性关系研究: 展望理论的解释 [J]. 北京工商大学学报 (社会科学版),2007,22 (5): 77-82.

[32] Aaker, D. A., & Keller, K. L. (1990). Consumer evaluations of brand extensions. Journal of Marketing, 27-41.

[33] Alba, J. W., & Hutchinson, J. W. (1987). Dimensions of consumer

expertise. Journal of Consumer Research, 411 – 454.

[34] Alsop, R. (1989). Giving fading brands a second chance. Wall Street Journal, 24 – 26.

[35] Anderson, R. C., & Freebody, P. (1979). Vocabulary knowledge. Technical Report, 136.

[36] Ansari, A., & Mela, C. F. (2003). E – Customization. Journal of Marketing Research, (40): 131 – 145.

[37] Archibald, R. B., Haulman, C. A., & Moody Jr, C. E. (1983). Quality, price, advertising, and published quality ratings. Journal of Consumer Research, 347 – 356.

[38] Aurier, P., & Ngobo, P. V. (1999). Assessment of consumer knowledge and its consequences: A multi – component approach. Advances in Consumer Research, 26 (1).

[39] Bauer, R. A. (1960). Consumer behavior as risk taking. Dynamic Marketing for a Changing World, 398.

[40] Bearden, W. O., Netemeyer, R. G., & Teel, J. E. (1989). Measurement of consumer susceptibility to interpersonal influence. Journal of Consumer Research, 473 – 481.

[41] Beatty, S. E., & Smith, S. M. (1987). External search effort: An investigation across several product categories. Journal of Consumer Research, 83 – 95.

[42] Beger, J., & Milkman, K. L. (2012). What Makes Online Content Viral? Journal of Marketing Research, (49): 192 – 205.

[43] Belk, R. (1975). Consumer Behavior. The Wiley Blackwell Encyclopedia of Consumption and Consumer Studies.

[44] Benlian, A., Titah, R., & Hess, T. (2012). Differential effects of

provider recommendations and consumer reviews in e – commerce transactions: An experimental study. Journal of Management Information Systems, 29 (1): 237 – 272.

[45] Bennett, R., & Rundle – Thiele, S. (2004). Customer satisfaction should not be the only goal. Journal of Services Marketing, 18 (7): 514 – 523.

[46] Bettman, J. R. (1973). Perceived risk and its components: A model and empirical test. Journal of Marketing Research, 184 – 190.

[47] Bettman, J. R. (1979). Information Processing Theory of Consumer choice. Addison – Wesley Pub. Co.

[48] Bettman, J. R., & Park, C. W. (1980). Effects of prior knowledge and experience and phase of the choice process on consumer decision processes: A protocol analysis. Journal of Consumer Research, 7 (3): 234 – 248.

[49] Blodgett, J., & Hill, D. (1991). An exploratory study comparing amount of search measures to consumers' reliance on each source of information. Advances in Consumer Research, (18): 773 – 779.

[50] Blut, M., Beatty, S. E., Evanschitzky, H., & Brock, C. (2014). The impact of service characteristics on the switching costs – customer loyalty link. Journal of Retailing, 90 (2): 275 – 290.

[51] Bone, P. F. (1995). Word – of – mouth effects on short – term and long – term product judgments. Journal of Business Research, 32 (3): 213 – 223.

[52] Bordia, P., & Rosnow, R. L. (1998). Rumor Rest Stops on the Information Highway Transmission Patterns in a Computer – Mediated Rumor Chain. Human Communication Research, 25 (2): 163 – 179.

[53] Breugelmans, E., Köhler, C. F., Dellaert, B. G., & de Ruyter, K. (2012). Promoting interactive decision aids on retail websites: A message framing

perspective with new versus traditional focal actions. Journal of Retailing, 88 (2): 226 – 235.

[54] Brown, G. H. (1952). Brand Loyalty – fact of fiction. Trademark Rep., (43): 251.

[55] Bruce, P. G., Scrosati, B., & Tarascon, J. M. (2008). Nanomaterials for rechargeable lithium batteries. Angewandte Chemie International Edition, 47 (16): 2930 – 2946.

[56] Brucks, M. (1985). The Effects of product class knowledge on information search behavior. Journal of Consumer Research, (12): 1 – 16.

[57] Gallegos, D., Russell – Bennett, R., Previte, J., & Parkinson, J. (2014). Can a text message a week improve breastfeeding?. BMC Pregnancy and Childbirth, 14 (1): 1.

[58] Capraro, A. J., Broniarczyk, S., & Srivastava, R. K. (2003). Factors influencing the likelihood of customer defection: The role of consumer knowledge. Journal of the Academy of Marketing Science, 31 (2): 164 – 175.

[59] Cardozo, R. N. (1965). An experimental study of customer effort, expectation, and satisfaction. Journal of Marketing Research, 244 – 249.

[60] Carman, J. M. (1970). Correlates of brand loyalty: Some positive results. Journal of Marketing Research, 7 (1): 67 – 76.

[61] Chatterjee, P. (2001). Online reviews: Do consumers use them?. ACR 2001 Proceedings, M. C. Gilly, J. Myers – Levy, eds., Association for Consumer Research, 129 – 134.

[62] Chen, Y., & Xie, J. (2008). Online consumer review: Word – of – mouth as a new element of marketing communication mix. Management Science, 54 (3): 477 – 491.

[63] Choo, C. W. (1999). Closing the cognitive gaps: How people process information, Financial Times.

[64] Clay, K., Goettler, R., & Wolff, E. (2003). Consumer learning about experience goods: Evidence from an online grocer, Working Paper.

[65] Coker, B., & Nagpal, A. (2013). Building-up versus paring-down: Consumer responses to recommendations when customizing. Journal of Retailing, 89 (2): 190-206.

[66] Davenport, T. H., & Prusak, L. (1998). Working knowledge: How organizations manage what they know. Harvard Business Press.

[67] Dellaert, B. G., & Häubl, G. (2005). Consumer product search with personalized recommendations. Unpublished Working Paper, Department of Marketing, Business Economics and Law, University of Alberta.

[68] DeSarbo, W. S., & Choi, J. (1998). A latent structure double hurdle regression model for exploring heterogeneity in consumer search patterns. Journal of Econometrics, 89 (1): 423-455.

[69] Dick, A. S., & Basu, K. (1994). Customer loyalty: Toward an integrated conceptual framework. Journal of the Academy of Marketing Science, 22 (2): 99-113.

[70] Diehl, K., Komish, L., J., Lynch, J. G. (2003). Smart agents: When lower search costs for quality information increase price sensitivity. Journal of Consumer Research, 30 (1): 56-71.

[71] Dowling, G. R. & Staelin, R. (1994). A model of perceived risk and intended risk-handling activity. Journal of Consumer Research, 21 (1): 119-134.

[72] Drucker, P. F. (1993). Managing in turbulent times. Routledge.

[73] Engel, J. F., Blackwell, R. D., & Miniard, P. W. (1995). Consumer behavior, 8th. New York: Dryder.

[74] Exter, T. (1986). Looking for brand loyalty. American Demographics, (4): 32 – 56.

[75] Fitzsimons, G. J., & Lehmann, D. R. (2004). Reactance to Recommendations: When unsolicited advice yields contrary responses. Marketing Science, (23): 82 – 94.

[76] Fornell, C., & Larcker, D. F. (1981). Evaluating structural equation models with unobservable variables and measurement error. Journal of Marketing Research, 39 – 50.

[77] Fournier, S., McAlexander, J., Schouten, J., & Sensiper, S. (2000). Building brand community on the Harley – Davidson posse ride. Harvard Business School Publishing.

[78] Frisou, J., & Yildiz, H. (2011). Consumer learning as a determinant of a multi – partner loyalty program's effectiveness: A behaviorist and long – term perspective. Journal of Retailing and Consumer Services, 18 (1): 81 – 91.

[79] Garvin, D. A. (1987). Competing on the 8 dimensions of quality. Harvard Business Review, 65 (6): 101 – 109.

[80] Gelb, B. D., & Sundaram, S. (2002). Adapting to "word of mouse". Business Horizons, 45 (4): 21 – 25.

[81] Gregan – Paxton, J. (2001). The role of abstract and specific knowledge in the formation of product judgments: An analogical learning perspective. Journal of Consumer Psychology, 11 (3): 141 – 158.

[82] Gremler, D. D., & Brown, S. W. (1996). Service loyalty: Its nature, importance, and implications. Advancing Service Quality: A Global Perspec-

tive, 171 - 180.

[83] Grimes, C. A., Riddell, L. J., & Nowson, C. A. (2009). Consumer knowledge and attitudes to salt intake and labelled salt information. Appetite, (53): 189 - 194.

[84] Haistead, D., Hartman, D., & Schmidt, S. L. (1994). Multisource effects on the satisfaction formation process. Journal of the Academy of Marketing Science, 22 (2): 114 - 129.

[85] Hall, R., & Andriani, P. (2002). Managing knowledge for innovation. Long Range Planning, 35 (1): 29 - 48.

[86] Häubl, G., & Trifts, V. (2000). Consumer decision making in online shopping environments: The effects of interactive decision aids. Marketing Science, 19 (1): 4 - 21.

[87] Hawkins, D. F. (1999). What can we learn from data disaggregation? The case of homicide and African Americans. Homicide: A Sourcebook of Social Research, 195 - 210.

[88] Hayes, A. F. & Preacher, K. J. (2010). Quantifying and testing indirect effects in simple mediation models when the constituent paths are nonlinear. Multivariate Behavioral Research, (45): 627 - 660.

[89] Holzwarth, M., Janiszewski, C., & Neumann, M. M. (2006). The influence of avatars on online consumer shopping behavior. Journal of Marketing, 70 (4): 19 - 36.

[90] Hostler, R. E., Yoon, V. Y., Guo, Z., Guimaraes, T., & Forgionne, G. (2011). Assessing the impact of recommender agents on on - line consumer unplanned purchase behavior. Information & Management, 48 (8): 336 - 343.

［91］Howard, J. A., & Sheth, J. N. (1969). The theory of buyer behavior. New York: Wiley.

［92］Huang, P., Lurie, N. H., & Mitra, S. (2009). Searching for experience on the web: An empirical examination of consumer behavior for search and experience goods. Journal of Marketing, 73 (2): 55 – 69.

［93］Ingrassia, P., & Patterson, A. (1989). Is buying a car a choice or a chore?. The Wall Street Journal, 24.

［94］Irwin, J., & McCleland, G. (2001). Misleading heuristics for moderated multiple regression models. Journal of Marketing Research, 38 (1): 100 – 109.

［95］Iwasaki Y., & Havitz M. E. (1998). A path analysis model of the relationships between Involvement, Psychological commitment and loyalty. Journal of Leisure Research, 30 (2): 256 – 280.

［96］Iyengar, S. S., & Lepper, M. R. (2000). When choice is demotivating: Can one desire too much of a good thing? Journal of Personality and Social Psychology, 79 (6): 995 – 1006.

［97］Jacoby, J. (1971). Model of multi – brand loyalty. Journal of Advertising Research, 11 (3): 25 – 31.

［98］Jacoby, J., & Kyner, D. B. (1973). Brand loyalty vs. repeat purchasing behavior. Journal of Marketing Research, 1 – 9.

［99］Jepsen, A. L. (2007). Factors affecting consumer use of the Internet for information search. Journal of Interactive Marketing, 21 (3): 21 – 34.

［100］Johnson, E. J., & Russo, J. E. (1984). Product familiarity and learning new information. Journal of Consumer Research, 542 – 550.

［101］Johnson, R. D., & Levin, I. P. (1985). More than meets the eye: The effect of missing information on purchase evaluations. Journal of Consumer Research, 169 – 177.

[102] John, D. R., & Whitney Jr, J. C. (1986). The development of consumer knowledge in children: A cognitive structure approach. Journal of Consumer Research, 12 (4), 406 – 417.

[103] Jones, M. A., Mothersbaugh, D. L., & Beatty, S. E. (2002). Why customers stay: Measuring the underlying dimensions of services switching costs and managing their differential strategic outcomes. Journal of Business Research, 55 (6): 441 – 450.

[104] Jones, T. O., & Sasser, W. E. J. (1995). Why satisfied customers defect. Harvard Business Review, (56): 83 – 95.

[105] Jones, T. O., & Sasser, W. E. (1998). Why satisfied customers defect. IEEE Engineering Management Review, 26 (3): 16 – 26.

[106] Judith A. C., & Mayzlin, D. (2006). The effect of word of mouth on sales: Online book reviews. Journal of Marketing Research, (43): 345 – 354.

[107] Kelley, M. L., & Tseng, H. M. (1992). Cultural differences in child rearing a comparison of immigrant Chinese and Caucasian American mothers. Journal of Cross – Cultural Psychology, 23 (4): 444 – 455.

[108] Kivetz, R., & Simonson, I. (2000). The effects of incomplete information on consumer choice. Journal of Marketing Research, 37 (4): 427 – 448.

[109] Klemperer, P. (1987). Markets with consumer switching costs. The Quarterly Journal of Economics, 375 – 394.

[110] Komiak, S. Y., & Benbasat, I. (2006). The effects of personalization and familiarity on trust and adoption of recommendation agents. Mis Quarterly, 941 – 960.

[111] Kuksov, D., & Villas – Boas, J. M. (2010). When more alterna-

tives lead to less choice. Marketing Science, 29 (3): 507 - 524.

[112] Laczniak, R. N., DeCarlo, T. E., & Ramaswami, S. N. (2001). Consumers' responses to negative word - of - mouth communication: An attribution theory perspective. Journal of Consumer Psychology, 11 (1): 57 - 73.

[113] Lansky, D., & Wilson, G. T. (1981). Alcohol, expectations, and sexual arousal in males: An information processing analysis. Journal of Abnormal Psychology, 90 (1): 35.

[114] Li H., Daugherty T., Biocca F. (2003). The role of virtual experience in consumer learning. Journal of Consumer Psychology, 13 (4): 395 - 407.

[115] Lynch Jr, J. G., & Ariely, D. (2000). Wine online: Search costs affect competition on price, quality, and distribution. Marketing Science, 19 (1): 83 - 103.

[116] Lynch, J. P. (2001). Hospital - acquired pneumonia: Risk factors, microbiology, and treatment. CHEST Journal, 119 (2): 373 - 384.

[117] Mangleburg, T. F., Doney, P. M., & Bristol, T. (2004). Shopping with friends and teens' susceptibility to peer influence. Journal of Retailing, 80 (2): 101 - 116.

[118] McNeal, J. U., & Ji, M. F. (1999). Chinese children as consumers: An analysis of their new product information sources. Journal of Consumer Marketing, 16 (4): 345 - 365.

[119] Meyers, E. A. (2012). Blogs give regular people the chance to talk back: Rethinking "professional" media hierarchies in new media. New Media & Society, 14 (6): 1022 - 1038.

[120] Mitchell, A. A., & Dacin, P. A. (1996). The assessment of alternative measures of consumer expertise. Journal of Consumer Research, 219 - 239.

[121] Moore, W. L., & Lehmann, D. R. (1980). Individual differences in search behavior for a nondurable. Journal of Consumer Research, 296 – 307.

[122] Moorthy, S., Ratchford, B. T., & Talukdar, D. (1997). Consumer information search revisited: Theory and empirical analysis. Journal of Consumer Research, 263 – 277.

[123] Mukherji, J. (2005). Maternal communication patterns, advertising attitudes and mediation behaviours in urban India. Journal of Marketing Communications, 11 (4): 247 – 262.

[124] Newman, J. W., & Staelin, R. (1972). Prepurchase information seeking for new cars and major household appliances. Journal of Marketing Research, 249 – 257.

[125] Norris, C. E., & Colman, A. M. (1992). Context effects on recall and recognition of magazine advertisements. Journal of Advertising, 21 (3): 37 – 46.

[126] Oliver, C. (1997). Sustainable competitive advantage: Combining institutional and resource – based views. Strategic Management Journal, 18 (9): 697 – 713.

[127] Oliver, R. L. (1980). A cognitive model of the antecedents and consequences of satisfaction decisions. Journal of Marketing Research, 460 – 469.

[128] Olson, E. L., & Widing, R. E. (2002). Are interactive decision aids better than passive decision aids? A comparison with implications for information providers on the Internet. Journal of Interactive Marketing, 16 (2): 22 – 33.

[129] Parasuraman, A. (1997). Reflections on gaining competitive advantage through customer value. Journal of the Academy of Marketing Science, 25 (2): 154 – 161.

[130] Park, C. W., & Lessig, V. P. (1981). Familiarity and its impact on consumer decision biases and heuristics. Journal of Consumer Research, 223-231.

[131] Park, C., & Lee, T. M. (2009). Information direction, website reputation and eWOM effect: A moderating role of product type. Journal of Business Research, 62 (1): 61-67.

[132] Park, D., & Kim, S. (2008). The effects of consumer knowledge on message processing of electronic word-of-mouth via online consumer reviews. Electronic Commerce Research and Applications, 399-410.

[133] Parks, R. W., Loewenstein, D. A., Dodrill, K. L., Barker, W. W., Yoshii, F., Chang, J. Y., & Duara, R. (1988). Cerebral metabolic effects of a verbal fluency test: A PET scan study. Journal of Clinical and Experimental Neuropsychology, 10 (5): 565-575.

[134] Payne, J. W. (1982). Contingent decision behavior. Psychological Bulletin, 92 (2): 382.

[135] Pedersen, P. E. (2000). Behavioral effects of using software agents for product and merchant brokering: An experimental study of consumer decision-making. International Journal of Electronic Commerce, 5 (1): 125-141.

[136] Pereira, R. E. (2001). Influence of query-based decision aids on consumer decision making in electronic commerce. Information Resources Management Journal, 14 (1): 31-48.

[137] Peter, J. P., & Tarpey Sr, L. X. (1975). A comparative analysis of three consumer decision strategies. Journal of Consumer Research, 29-37.

[138] Peter, J. P., Olson, J. C., & Grunert, K. G. (2010). Consumer Behavior and Marketing Strategy. London: McGraw-Hill, 122-123.

[139] Pew Research Center. (2015). Men catch up with women on overall

social media use. http://www.pewresearch.org/fact-tank/2015/08/28/men-catch-up-with-women-on-overall-social-media-use/, 2016-02-16.

[140] Pires, G. D., Stanton, J., & Rita, J. (2006). The Internet, consumer empowerment and marketing strategies. European Journal of Marketing, 40, 936-949.

[141] Porter, M. E. (1980). Competitive strategy: Techniques for analyzing industries and competitors, Simon and Schuster.

[142] Porter, M. E. (1985). Competitive advantage. New York.

[143] Presi, C., Saridakis, C., & Hartmans, S. (2014). User-Generated content behaviour of the dissatisfied service customer. European Journal of Marketing, (48): 1600-1625.

[144] Punj, G. N., & Staelin, R. (1983). A model of consumer information search behavior for new automobiles. Journal of Consumer Research, 366-380.

[145] Raju, P. S., Lonial, S. C. & Mangold, W., G. (1995). Differential effects of subjective knowledge, objective knowledge, and usage experience on decision making: An exploratory investigation. Journal of Consumer Psychology, 4 (2): 153-180.

[146] Rao, A. R., & Monroe, K. B. (1988). The moderating effect of prior knowledge on cue utilization in product evaluations. Journal of Consumer Research, 253-264.

[147] Ratchford, B. T. (2001). The economics of consumer knowledge. Journal of Consumer Research, 27 (4): 397-411.

[148] Rescorla, R. A., & Wagner, A. R. (1972). A theory of pavlovian conditioning: Variations in the effectiveness of reinforcement and nonreinforcement. Classical Conditioning II: Current Research and Theory, 2, 64-99.

[149] Rheingold, H. (1993). The virtual community: Finding commection in a computerized world. Addison – Wesley Longman Publishing Co., Inc.

[150] Rose, G. M. (1999). Consumer socialization, parental style, and developmental timetables in the United States and Japan. The Journal of Marketing, 105 – 119.

[151] Roselius, T. (1971). Consumer rankings of risk reduction methods. Journal of Marketing, 56 – 61.

[152] Rossiter, J. R., & Percy, L. (1987). Advertising and Promotion Management, McGraw – Hill Book Company.

[153] Roth, E. M., & Shoben, E. J. (1983). The effect of context on the structure of categories. Cognitive Psychology, 15 (3): 346 – 378.

[154] Saracevic, T. (1996). Modeling interaction in information retrieval (IR): A review and proposal. Proceedings of the ASIS Annual Meeting, (33): 3 – 9.

[155] Schmidt, J. B., & Spreng, R. A. (1996). A proposed model of external consumer information search. Journal of the Academy of Marketing Science, 24 (3): 246 – 256.

[156] Sen, S. (1998). Knowledge, Information mode, and the attraction effect. Journal of Consumer Research, 25 (1): 64 – 77.

[157] Shaffer, G., & Zhang, Z. J. (2000). Pay to Switch or pay to stay: Preference – based price discrimination in markets with switching costs. Journal of Economics & Management Strategy, 9 (3): 397 – 424.

[158] Shimp, T. A. (1997). Advertising promotion, and supplemental aspects of integrated marketing communications. Journal of Database Marketing, 5, 198 – 199.

[159] Simmons, C. J., & Lynch Jr, J. G. (1991). Inference effects without inference making? Effects of missing information on discounting and use of presented information. Journal of Consumer Research, 477 – 491.

[160] Simonson, I., Huber, J., & Payne, J. (1988). The relationship between prior brand knowledge and information acquisition order. Journal of Consumer Research, 566 – 578.

[161] Sindell, K. (1998). Online lending – not business as usual. Mortgage Banking, (58): 36 – 44.

[162] Spiller, S., Fitzsimons, G., Lynch, J., & Macclelland, G. H. (2013). Spotlights, floodlights, and the magic number zero: Simple effects tests in moderated regression. Journal of Marketing Research, 2013 (1): 277 – 288.

[163] Smith, T., Coyle, J. R., Lightfoot, E., & Scott, A. (2007). Reconsidering models of influence: The relationship between consumer social networks and word – of – mouth effectiveness. Journal of Advertising Research, 47 (4): 387 – 397.

[164] Srinivasan, N., & Ratchford, B. T. (1991). An empirical test of a model of external search for automobiles. Journal of Consumer Research, 233 – 242.

[165] Sujan, M. (1985). Consumer knowledge: Effects on evaluation strategies mediating consumer judgments. Journal of Consumer Research, (12): 31 – 46.

[166] Swaminathan, V. (2003). The impact of recommendation agents on consumer evaluation and choice: The moderating role of category risk, product complexity, and consumer knowledge. Journal of Consumer Psychology, 13 (1): 93 – 101.

[167] Tucker, W. T. (1964). The development of brand loyalty. Journal of Marketing Research, 32 – 35.

[168] Van Wangenheim, F., & Bayón, T. (2004). The effect of word of mouth on services switching: Measurement and moderating variables. European Journal of Marketing, 38 (9/10): 1173 – 1185.

[169] Van Waterschoot, W., Sinha, P. K., Van Kenhove, P., & De Wulf, K. (2008). Consumer learning and its impact on store format selection. Journal of Retailing and Consumer Services, 15 (3): 194 – 210.

[170] Viswanathan, M., Childers, T. L., & Moore, E. S. (2000). The measurement of intergenerational communication and influence on consumption: Development, validation, and cross – cultural comparison of the IGEN scale. Journal of the Academy of Marketing Science, 28 (3): 406 – 424.

[171] Weber, J. E., & Hansen, R. W. (1972). The majority effect and brand choice. Journal of Marketing Research, 9 (3): 320 – 323.

[172] West, P. M., & Broniarczyk, S. M. (1998). Integrating multiple opinions: The role of aspiration level on consumer response to critic consensus. Journal of Consumer Research, 25 (1): 38 – 51.

[173] Wirtz, J., & Chew, P. (2002). The effects of incentives, deal proneness, satisfaction and tie strength on word – of – mouth behaviour. International Journal of Service Industry Management, 13 (2): 141 – 162.

[174] Woodruff, R. B., Cadotte, E. R., & Jenkins, R. L. (1983). Modeling consumer satisfaction processes using experience – based norms. Journal of Marketing Research, 296 – 304.

[175] Wu, D., Ray, G., Geng, X. & Whinston, A. (2004). Implications of reduced search cost and free riding in E – Commerce. Marketing Science, 23 (2): 255 – 262.

[176] Xiao, B., & Benbasat, I. (2007). E – commerce product recommen-

dation agents: Use, characteristics, and impact. Mis Quarterly, 31 (1): 137 – 209.

[177] Xie, J., & Shugan, S. M. (2001). Electronic tickets, smart cards, and online prepayments: When and how to advance sell. Marketing Science, 20 (3): 219 – 243.

[178] Yadav, M. S., & Pavlou, P. A. (2014). Marketing in computer – mediated environments: Research synthesis and new directions. Journal of Marketing, (78): 20 – 40.

[179] Zeithaml, V. A., Berry, L. L., & Parasuraman, A. (1996). The behavioral consequences of service quality. Journal of Marketing, 31 – 46.

附录　问卷设计和变量测量

一、前测问卷

母婴产品消费调查问卷

尊敬的宝宝妈妈，您好！欢迎您参加我们的调查，该调查为匿名填答。您只需根据个人的消费偏好填写问卷即可，答案没有正确错误之分。问卷填答后，您将获得一份精美的礼品。

1. 为了获得母婴产品相关信息，您通常会通过哪些信息渠道进行了解？

	频繁	经常	一般	偶尔	从不
杂志广告	5	4	3	2	1
店内产品陈列	5	4	3	2	1
销售人员宣传	5	4	3	2	1
公交移动广告	5	4	3	2	1
在线搜索引擎（百度、谷歌等）	5	4	3	2	1
门户网站	5	4	3	2	1
微博宣传	5	4	3	2	1
微信宣传	5	4	3	2	1

续表

	频繁	经常	一般	偶尔	从不
广播广告	5	4	3	2	1
垂直育儿网站（宝宝树、育儿网等）	5	4	3	2	1
展览会	5	4	3	2	1
母婴相关APP	5	4	3	2	1
线下课堂	5	4	3	2	1
社交网站（QQ、MSN等）	5	4	3	2	1
品牌应用客户端	5	4	3	2	1
店内海报宣传	5	4	3	2	1
电子邮件	5	4	3	2	1
家中电视广告	5	4	3	2	1
楼宇广告	5	4	3	2	1

2. 您觉得以下信息媒介对您获得相关产品信息的重要程度有多大？

	非常重要	比较重要	一般	比较不重要	非常不重要
杂志广告	5	4	3	2	1
店内产品陈列	5	4	3	2	1
销售人员宣传	5	4	3	2	1
公交移动广告	5	4	3	2	1
在线搜索引擎（百度、谷歌等）	5	4	3	2	1
门户网站	5	4	3	2	1
微博宣传	5	4	3	2	1
微信宣传	5	4	3	2	1
广播广告	5	4	3	2	1
垂直育儿网站（宝宝树、育儿网等）	5	4	3	2	1
展览会	5	4	3	2	1
母婴相关APP	5	4	3	2	1
线下课堂	5	4	3	2	1
社交网站（QQ、MSN等）	5	4	3	2	1

续表

	非常重要	比较重要	一般	比较不重要	非常不重要
品牌应用客户端	5	4	3	2	1
店内海报宣传	5	4	3	2	1
电子邮件	5	4	3	2	1
家中电视广告	5	4	3	2	1
楼宇广告	5	4	3	2	1

3. 您在购买以下产品时，多大程度上会担心该产品实际发挥的效果作用？

	非常担心	比较担心	一般	比较不担心	完全不担心
婴幼儿配方奶粉	5	4	3	2	1
婴幼儿玩具	5	4	3	2	1
母婴护肤产品	5	4	3	2	1
母婴电器用品	5	4	3	2	1

4. 您在购买以下产品时，多大程度上会担心该产品可能对身体造成伤害？

	非常担心	比较担心	一般	比较不担心	完全不担心
婴幼儿配方奶粉	5	4	3	2	1
婴幼儿玩具	5	4	3	2	1
母婴护肤产品	5	4	3	2	1
母婴电器用品	5	4	3	2	1

个人基本信息：

最后，我想问您几个有关您和您家庭的问题，仅供资料分析时使用。再次感谢您对我们研究的参与和支持！

Z1. 请问您的受教育程度?这里指的是您受过的最高的或正在接受的教育。(单选)

没有受过正式教育	1
小学	2
初中	3
高中	4
中专/技校	5
大专或大学非本科	6
大学本科或以上	7
拒绝回答	8

Z2. 请问您目前的工作状况是有工作还是没有工作?如果有工作,那么您目前是全职工作还是临时/兼职工作呢?(单选)

正在做全职工作	1
正在做临时/兼职工作	2
有工作,但正在产假	3
没有工作	4

Z3. 请问您的年龄是?

小于 20 岁	1
20~25 岁	2
26~30 岁	3
31~35 岁	4
36~40 岁	5
41~45 岁	6
46~50 岁	7

附录 问卷设计和变量测量

Z4. 请问下面哪一类最能代表您家庭每月的总收入呢？请包括所有奖金、工资、津贴等在内。

Z6. 家庭收入		Z6. 家庭收入	
1000 元以下	1	9000 ~ 9999 元	10
1000 ~ 1999 元	2	10000 ~ 19999 元	11
2000 ~ 2999 元	3	20000 ~ 29999 元	12
3000 ~ 3999 元	4	30000 元以上	13
4000 ~ 4999 元	5	不知道/拒绝回答	
5000 ~ 5999 元	6		
6000 ~ 6999 元	7		
7000 ~ 7999 元	8		
8000 ~ 8999 元	9		

Z5. 请问下面哪一类最能代表您家庭平均每个月在母婴产品上的支出呢？（单选）

使用与 Z4 题一致的选项表格。

问卷调查到此结束，感谢您的配合！

二、正式问卷

第一部分　样本甄别问卷①

尊敬的《××××》会员：

---

① 预调查问卷与正式调查问卷基本相同，此处不再列出预调查问卷。

143

您好!

《××××》携手全球知名市场咨询公司×××,正在进行一项关于母婴家庭消费习惯的市场研究活动,现诚挚邀请您的参与。

只要您参与调研并完整的提交问卷,我们就会赠送您价值20元的礼物,还可以参加我们每天的随机抽奖,抽取10˚名幸运家庭获得幸运大礼包!

请您放心,您所提供的答案以及您的个人资料都将做严格的保密处理。完成此问卷大约需要15分钟,您愿意参加吗?

愿意……1≥继续

不愿意……2≥终止,并致谢

S1. 请点击选择您所居住的城市。(单选)

插入程序自在省市/城市选项	

S2. 请问您的性别是?(单选)

男	1	终止
女	2	继续

【终止提示语:我们想找一些妈妈或者准妈妈参加我们的调查,多谢您的参与,谢谢!】

S3. 请问以下哪种情况最符合您现在的状况?(多选)

怀孕期间（0~3个月）	1	
怀孕期间（4~6个月）	2	
怀孕期间（7个月至待产）	3	
有孩子	4	追问 S4
未怀孕且无孩子	5	感谢并终止

S4. 请问您孩子的年龄多大了呢？如果您有多个孩子，可以选择多个选项。（多选）

6个月及以下	1	
6个月到1岁（含1岁）	2	
1岁到1岁半（含1岁半）	3	
1岁半到2岁（含2岁）	4	继续
2岁到2岁半（含2岁半）	5	
2岁半到3岁（含3岁）	6	
3岁以上	7	感谢并终止

S5. 请问您曾经给宝宝购买过以下哪些产品？（多选）

	曾经购买
婴幼儿配方奶粉	1
宝宝洗护用品	2
玩具	3
母婴用电器	4
婴幼儿推车	5
辅食	6
婴儿汽车安全座椅	7
纸尿裤	8
糖果	9
童话书	10
以上均没有	99

S6. 若 S5 回答曾经购买过奶粉和玩具，则随机选出的访问品类，开始下面的正式访问。

	曾经购买
婴幼儿配方奶粉	1
玩具	2

第二部分　品类—婴幼儿配方奶粉

接下来，我们想了解您购买和使用奶粉的一些情况。

Q1a. 宝宝现在正在喝的这个品牌，您的满意情况是怎样的呢？

非常满意	5
比较满意	4
一般，谈不上满意也没有不满意	3
比较不满意	2
非常不满意	1

Q1b. 您会继续给宝宝喝这个品牌的吗？

肯定会	5
可能会	4
不好说	3
可能不会	2
肯定不会	1

Q1c. 您给别人推荐宝宝现在喝的这个品牌的可能性是怎样的呢？

肯定会	5
可能会	4
不好说	3
可能不会	2
肯定不会	1

Q2. 以下是描述人们对奶粉产品了解的情况，请问和您的吻合程度是怎样的呢？

		完全同意	比较同意	一般	比较不同意	完全不同意
1	我有丰富的奶粉知识	5	4	3	2	1
2	我对奶粉的配方、成分很了解	5	4	3	2	1
3	我对奶粉的功能功用很了解	5	4	3	2	1
4	我熟悉大多数的奶粉品牌	5	4	3	2	1
5	我非常清楚怎么给宝宝选奶粉	5	4	3	2	1

品类—玩具

Q3a. 宝宝现在正在玩的这个品牌，您的满意情况是怎样的呢？

非常满意	5
比较满意	4
一般，谈不上满意也没有不满意	3
比较不满意	2
非常不满意	1

Q3b. 您会继续给宝宝购买这个品牌的玩具吗？

肯定会	5
可能会	4
不好说	3
可能不会	2
肯定不会	1

Q3c. 您给别人推荐宝宝现在玩的这个玩具品牌的可能性是怎样的呢?

肯定会	5
可能会	4
不好说	3
可能不会	2
肯定不会	1

Q4. 以下是描述人们对宝宝玩具产品了解的情况,请问和您的吻合程度是怎样的呢?

		完全同意	比较同意	一般	比较不同意	完全不同意
1	我有丰富的婴幼儿玩具知识	5	4	3	2	1
2	我对儿童玩具的材料,质地很了解	5	4	3	2	1
3	我对儿童玩具的功能功用很了解	5	4	3	2	1
4	我熟悉大多数的儿童玩具品牌	5	4	3	2	1
5	我非常清楚地知道怎么给宝宝选儿童玩具	5	4	3	2	1

非常好,我们接下来想了解一下您对整个母婴产品购买和宝宝成长过程所关注的一些问题的看法。

第三部分 信息媒介、信息搜寻、推荐代理

D1. 以下网络推荐对你购买婴幼儿奶粉（玩具）决策的有用程度有多大？

		非常有价值	比较有价值	一般	比较没价值	完全没价值
1	门户网站/网络广告的推荐	5	4	3	2	1
2	微博/微信/博客等的推荐	5	4	3	2	1
3	线上育儿论坛，妈妈论坛等BBS的推荐和建议	5	4	3	2	1

D2. 在购买婴幼儿奶粉（玩具）的决策过程中，您对以下网络推荐的信任程度有多大？

		非常信任	比较信任	一般	比较不信任	完全不信任
1	门户网站/网络广告的推荐	5	4	3	2	1
2	微博/微信/博客等的推荐	5	4	3	2	1
3	线上育儿论坛、妈妈论坛等BBS的推荐和建议	5	4	3	2	1

D3. 为了获得产品（奶粉/玩具）的相关信息，您通常会通过哪些信息渠道进行了解？

	频繁	经常	一般	偶尔	从不
杂志广告	5	4	3	2	1
店内产品陈列	5	4	3	2	1
销售人员宣传	5	4	3	2	1
在线搜索引擎（百度、谷歌等）	5	4	3	2	1
微博宣传	5	4	3	2	1
微信宣传	5	4	3	2	1
垂直育儿网站（宝宝树、育儿网等）	5	4	3	2	1
母婴相关APP	5	4	3	2	1

续表

	频繁	经常	一般	偶尔	从不
社交网站（QQ、MSN等）	5	4	3	2	1
品牌应用客户端	5	4	3	2	1
家中电视广告	5	4	3	2	1
楼宇广告	5	4	3	2	1

D4. 在购买婴幼儿奶粉（玩具）的过程中，您的决策过程是怎样的？

		完全同意	比较同意	一般	比较不同意	完全不同意
1	综合对比各个品牌、产品的属性价值	5	4	3	2	1
2	对比不同渠道的产品质量、价格信息等	5	4	3	2	1
3	了解周围其他朋友的宝宝使用相关产品的情况	5	4	3	2	1

第四部分　背景信息

最后，我想问您几个有关您和您家庭的问题，仅供资料分析时使用。再次感谢您对我们研究的参与和支持！

Z1. 请问您的受教育程度？这里指的是您受过的最高的或正在接受的教育。（单选）

没有受过正式教育	1
小学	2
初中	3
高中	4
中专/技校	5
大专或大学非本科	6
大学本科或以上	7
拒绝回答	8

Z2. 请问您目前的工作状况是有工作还是没有工作？如果有工作，那么您目前全职工作还是临时/兼职工作呢？（单选）

正在做全职工作	1
正在做临时/兼职工作	2
有工作，但正在产假	3
没有工作	4

Z3. 您的年龄。

小于 20 岁	1
20~25 岁	2
26~30 岁	3
31~35 岁	4
36~40 岁	5
41~45 岁	6
46~50 岁	7

Z4. 请问下面哪一类最能代表您家庭每月的总收入呢？请包括所有奖金、工资、津贴等在内。（单选）

Z6. 家庭收入		Z6. 家庭收入	
1000 元以下	1	9000~9999 元	10
1000~1999 元	2	10000~19999 元	11
2000~2999 元	3	20000~29999 元	12
3000~3999 元	4	30000 元以上	13
4000~4999 元	5	不知道/拒绝回答	

续表

Z6. 家庭收入		Z6. 家庭收入	
5000~5999 元	6		
6000~6999 元	7		
7000~7999 元	8		
8000~8999 元	9		

Z5. 请问下面哪一类最能代表您家庭平均每个月在母婴产品上的支出呢？（单选）

使用与 Z4 题一致的选项表格。

问卷调查结束，感谢您的配合！